D1859877

काव्य सुधा

बी.कॉम. हिंदी 'क'

वाणी प्रकाशन
21-ए, दरियागंज, नयी दिल्ली-110002
फोन : 011-23273167, 23275710, 41562622
फैक्स : 011-23275710
e-mail : vani_prakashan@yahoo.com

काव्य सुधा

बी.कॉम. हिंदी ‘क’

प्रधान संपादक

प्रो. रमेश गौतम

अध्यक्ष, हिंदी विभाग

दिल्ली विश्वविद्यालय, दिल्ली

संपादक

डॉ. प्रभा

रीडर, हिंदी विभाग

श्री अरविंदो महाविद्यालय (सांध्य), दिल्ली विश्वविद्यालय

डॉ. रचना सिंह

प्रवक्ता, हिंदी विभाग

हिंदू कॉलेज, दिल्ली विश्वविद्यालय

परामर्श मंडल
प्रो. रमेश गौतम, प्रो. सुधीश पचौरी, प्रो. अजय तिवारी, प्रो. गोपेश्वर सिंह, प्रो. कृष्णदत्त पालीवाल, प्रो. हरिमोहन शर्मा

वाणी प्रकाशन

'लोगो' वाणी प्रकाशन : मक़बूल फ़िदा हुसेन

वाणी प्रकाशन, 4695, 21-ए, दरियागंज, नयी दिल्ली-110002
वाणी प्रकाशन, अशोक राजपथ (पटना कॉलेज के सामने), पटना (बिहार)

KAVYA SUDHA

Edited by Prof. Ramesh Gautam

Collection of Poems

ISBN : 978-93-5000-451-7

इस पुस्तक के किसी भी अंश को ज्ञान के किसी भी माध्यम में प्रयोग करने के पूर्व प्रकाशक से लिखित अनुमति लेना आवश्यक है।

संस्करण : 2006, 2010
© संपादकाधीन
मूल्य : 45/-

वाणी प्रकाशन

फोन : 0091#11#23273167, फोन व फैक्स 23275710

वेबसाइट : www.vaniprakashan.in

ई-मेल : vaniprakashan@gmail.com

आर.टेक ऑफसेट प्रिंटर्स द्वारा दिल्ली-110095 में मुद्रित

अनुक्रम

प्राक्कथन

साहित्य संवेदनशील हृदय का निर्माण करता है, इसीलिए लम्बे अन्तराल के बाद बदले गए बी.कॉम. के पाठ्यक्रम में रोजगारपरक दृष्टि के दबाव के बावजूद मानविकी विषयों का अनुपात पहले के समान ही रखा गया है। यह जरूरी भी था क्योंकि बदली परिस्थितियों में बी.कॉम. के स्वरूप को व्यावसायिक दृष्टि से कितना ही रोजगारोन्मुख क्यों न बनाया गया हो साहित्य अध्ययन के माध्यम से विद्यार्थी को मनुष्यता और सामाजिक संवेदनशीलता का पाठ पढ़ाना जरूरी है। तकनीकी युग की ज्ञानात्मक रुक्षता और एकरसता को साहित्य की संवेदनशीलता से ही तोड़ा जा सकता है। साहित्य समाज की मानसिक खुराक है। साहित्य से संवेदनात्मक ज्ञान अर्जित कर मननशीलता का धर्म अपना कर 'व्यक्ति' सामाजिक बनता है, परस्पर प्रेम और सद्भाव का विस्तार करता है। लोकतान्त्रिक समाज में साहित्य को मनुष्यता का घोषणा पत्र माना जा सकता है। इसलिए रोजगार के नाम पर उच्चशिक्षा से साहित्य को बहिष्कृत करने का जोखिम नहीं उठाया जा सकता। बी.कॉम. पाठ्यक्रम में इसी बात का ध्यान कर हिंदी साहित्य को समाविष्ट किया गया है। पाठ्यक्रम की अधिरचना में इस बात को ध्यान में रखकर कविता और गद्य के पाठों का संकलन किया गया है। संकलन के अन्त में जो अभ्यास दिए गए हैं उनमें अध्ययन-अध्यापन और परीक्षा के परम्परागत ढाँचे को बदलने की संकल्पना छिपी है। उसी संकल्पना के अनुरूप पाठ-संकलन-सम्पादन समिति द्वारा कविताओं और गद्य-पाठों का चयन तथा सम्पादक-मंडल द्वारा उनके अध्ययन में सहायक पूरक सामग्री और अभ्यास तैयार किए गए हैं। लेकिन ये अभ्यास अन्तिम नहीं, अनन्तिम हैं; इनमें आवश्यकतानुसार परिवर्तन एवं परिवर्द्धन भी हो सकते हैं। पढ़ने और पढ़ाने के क्रम में विद्यार्थी और शिक्षकगण इस ढंग की और अभ्यासमाला तैयार कर सकते हैं ताकि अध्ययन-अध्यापन में परम्परा और नएपन के समन्वय से ताजगी आ सके।

हिंदी-विभाग का यह सहकारी प्रयास अध्ययन-अध्यापन और परीक्षा की सम्पूर्ण-व्यवस्था के लिए फलदायी होगा। विभाग के इस अकादमिक प्रयास को परिश्रमपूर्वक सफल बनाने के लिए सम्पादक-मंडल का दिल्ली विश्वविद्यालय तथा विभाग की ओर से आभार।

–प्रो. रमेश गौतम
अध्यक्ष, हिंदी-विभाग
दिल्ली विश्वविद्यालय
दिल्ली - 110007

हिंदी कविता का विकास

आदिकाल

संस्कृत हिंदी का प्राचीनतम रूप है। प्राचीन काल में जनसम्पर्क की भाषा संस्कृत थी। इसी के परिष्कृत रूप में संस्कृत वाङ्मय की रचना हुई। जन-भाषा में समय के प्रभाव स्वरूप कुछ परिवर्तन हुए, भाषा का यह परिवर्तित रूप पालि कहलाया जिसमें बौद्ध-ग्रन्थों की रचना हुई। क्षेत्रीय भाषा में प्रथम ई. से पुनः परिवर्तन लक्षित होने लगे। पहली ई. से पाँच सौ ई. तक की यह परिवर्तित भाषा प्राकृत कहलाई–उस समय का साहित्य इसी प्राकृत भाषा में रचा गया। क्षेत्रीय प्रभाव के फलस्वरूप इसमें आए परिवर्तन के कारण इसे शौरसेनी, महाराष्ट्री, मागधी और अर्धमागधी कहा गया, इसे अपभ्रंश की संज्ञा मिली। अपभ्रंश के इन्हीं क्षेत्रीय रूपों से हिंदी विकसित हुई। यद्यपि हिंदी के कुछ व्याकरणिक रूप पालि एवं प्राकृत में भी मिलते हैं किन्तु अपभ्रंश में अधिक संख्या में उपलब्ध हैं। हिंदी अपने वास्तविक स्वरूप में 1000 ई. से ही आई, जिसमें निरन्तर विकास हो रहा है। तब से आज तक के हिंदी साहित्य को चार कालखण्डों में विभाजित किया गया है–आदिकाल, भक्तिकाल, रीतिकाल और आधुनिककाल।

आदिकाल का नामकरण विवाद का विषय रहा है। इसकी समय-सीमा और नामकरण को लेकर विद्वान एकमत नहीं हैं। आचार्य रामचन्द्र शुक्ल ने इसे वीर गाथा काल (1050-1375), रामकुमार वर्मा ने इसे सन्धि एवं चारण काल (750-1000) कहा। कुछ ने इसे सिद्ध-सामन्त काल कहा। ये सभी नाम उस काल में रचे गए साहित्य की सभी प्रवृत्तियों की ओर इंगित न करते हुए किसी एक प्रवृत्ति की ओर ही संकेत करते हैं इसी से सर्वमान्य न हो सके। हजारी प्रसाद द्विवेदी ने हिंदी के आविर्भाव के कारण इसे आदिकाल (1000 ई. से 1400 ई.) कहा, जिससे एक ओर तो हिंदी की

स्थिति का पता चला, दूसरे धार्मिक, लौकिक एवं इतर तीनों प्रकार की साहित्यिक रचनाओं को इसके अन्तर्गत रखा जा सकता है।

आदिकाल हिन्दू-मुस्लिम संस्कृतियों के संक्रमण का युग था। बाह्य आक्रमणों और विदेशी शासकों के कारण हिन्दू संस्कृति ह्रास की ओर अग्रसर थी। साहित्य के क्षेत्र में संस्कृत राजकवियों की भाषा बन गई थी, प्राकृत-अपभ्रंश में धार्मिक साहित्य रचा जा रहा था तथा हिंदी लोकजीवन में प्रचलित थी।

आदिकालीन साहित्य को तीन भागों में बाँटा जा सकता है–(1) धार्मिक साहित्य, (2) लौकिक साहित्य, (3) इतर साहित्य।

धार्मिक साहित्य में जैन साहित्य, सिद्ध साहित्य एवं नाथ साहित्य आता है, **लौकिक साहित्य** में रासो ग्रंथ (वीरगाथात्मक) काव्यों की रचना की गई। **इतर काव्य** में प्रेमकाव्य और स्वच्छन्द काव्य को रखा गया है।

जैन साहित्य की भाषा अपभ्रंश है। इसके कवि देव सेना, पुष्पदन्त, स्वयंभू आदि हैं। सिद्ध साहित्य की भाषा सान्ध्य कही गई, यह काव्य सामाजिक विद्रोह का काव्य है। नाथ साहित्य साधना पर आधारित है। नौ नाथ माने गए हैं–जिनमें गोरखनाथ प्रमुख हैं।

लौकिक साहित्य : इसके अन्तर्गत चारण कवियों द्वारा अपने आश्रयदाता राजाओं की प्रशंसा में रचे गये रासो ग्रन्थ आते हैं। जैसे खुमाण रासो (दलपति विजय), हम्मीर रासो (शार्ङ्गधर), बीसलदेव रासो (नल्लसिंह), पृथ्वीराज रासो (चन्द बरदाई)। इस साहित्य में राजाओं की प्रशंसा के साथ-साथ समाज की सामन्ती व्यवस्था का चित्रण एवं संकुचित राष्ट्रीयता का परिचय भी मिलता है।

धार्मिक साहित्य एवं लौकिक साहित्य के अतिरिक्त विद्यापति की पदावली है जिसमें राधाकृष्ण से सम्बन्धित शृंगारपरक पदों की रचना की गई है और अमीर खुसरो आदि की रचनाएँ **इतर साहित्य** के अन्तर्गत आती हैं।

आदिकालीन साहित्य का हिंदी साहित्य के विकास में अपार योगदान है। इस युग की उपलब्धियों का आने वाले साहित्य पर पड़ा प्रभाव स्पष्ट लक्षित होता है।

भक्तिकाल

भक्तिकाल का साहित्य रचना की दृष्टि से अत्यन्त समृद्ध काल है। भारत में भक्तिधारा वेद, पुराण, उपनिषद् के रूप में प्राचीन काल से निरन्तर बहती रही है, परम्परा से प्रेरणा ग्रहण करके और युग की राजनीतिक-सामाजिक-धार्मिक और आर्थिक परिस्थितियों की अव्यवस्था और विसंगतियों से आक्रान्त परिवेश में से भक्ति काव्य का जन्म हुआ।

यह काल पठान-वंश और फिर मुगल-वंश से शासित था। पठान-वंश यदि अत्याचारी, सत्तालोलुप और साम्प्रदायिक था, तो मुगल-वंश उदार होते हुए भी कट्टर धार्मिक था। ये अपने राज्य विस्तार के साथ-साथ धर्म का भी प्रचार-प्रसार कर रहे थे। हिन्दू, विशेषकर निम्नवर्ग असमानता, शोषण और अपमान झेल रहा था। निम्नवर्ग के मुसलमानों की स्थिति भी लगभग ऐसी ही थी। इसी परिवेश में से हिन्दू-मुस्लिम एकता और समन्वय की भावना ने जन्म लिया।

भक्तिकाल में दो प्रमुख काव्यधाराएँ प्रवाहित हो रही थीं—निर्गुण भक्तिधारा और सगुण भक्तिधारा। निर्गुण भक्तिधारा दो शाखाओं में विभाजित थी—ज्ञानाश्रयी शाखा (सन्तकाव्य), प्रेमाश्रयी शाखा (सूफी काव्य)। सगुण भक्ति काव्यधारा भी रामभक्ति और कृष्णभक्ति शाखा में विभाजित है।

सन्तकाव्य धारा के कवि निर्गुणोपासक हैं, उनका ब्रह्म अजन्मा है, निराकार है। फिर भी कण-कण में व्याप्त है। ये कर्मकांडों, आडम्बरों और मूर्तिपूजा का विरोध करते हैं। गुरु-महिमा, ब्रह्म नाम स्मरण और कीर्तन को महत्त्व देते हैं। इस काव्य में अभिव्यक्ति की अपेक्षा अनुभूति पक्ष प्रबल है। भाषा जन-साधारण की बोलचाल की भाषा है, इसी से सबके हृदय तक पहुँचती है।

सूफी काव्य प्रेमाख्यान काव्य है, इनका विश्वास है कि ब्रह्म की प्राप्ति प्रेम मार्ग पर चलकर ही हो सकती है। यहाँ ब्रह्म नारी रूप में है और भक्त पुरुष है, जो अनेक सामाजिक, धार्मिक और नैतिक बाधाओं को पार करके ईश्वर को प्राप्त करता है। आख्यानों में स्वाभाविकता के स्थान पर वैचित्र्य को स्थान दिया गया है। नायिका के सौन्दर्य का अतिशयोक्तिपूर्ण वर्णन है।

भाषा प्रमुखतः अवधी है। राजस्थानी, ब्रजभाषा आदि भाषाओं में भी कुछ प्रेमाख्यानों की रचना हुई है।

रामभक्ति काव्यधारा के कवि सगुणोपासक हैं। उनके राम अवतार लेते हैं, लीलाएँ करते हैं, फिर भी नर नहीं नारायण हैं। इसी से इनकी भक्ति दास्य भाव की भक्ति है। राम आदर्श रूप और मर्यादा के प्रतीक हैं, शील, सौन्दर्य और शक्ति का समन्वित रूप हैं।

राम काव्य में कवि लोकमंगल की भावना से उत्प्रेरित हैं। तुलसी इसके प्रमुख कवि हैं। इनके काव्य में राजा-प्रजा, घर-परिवार, भाई-भाई सभी सम्बन्धों का आदर्श रूप है। ज्ञान और विद्या सत् के दर्शन कराती है, अज्ञान के कारण जीव ब्रह्म के दर्शन से वंचित रह जाता है। राम काव्य में प्रबन्धात्मकता है, अवधी भाषा का प्रयोग है।

कृष्ण भक्ति काव्य में माधुर्यभाव की भक्ति मिलती है। कृष्ण भक्ति काव्य विभिन्न सम्प्रदायों में दीक्षित कवियों द्वारा रचा गया है, जिनमें बल्लभ-सम्प्रदाय, राधा बल्लभ-सम्प्रदाय, हरिदासी-सम्प्रदाय, निंबार्क-सम्प्रदाय, चैतन्य-सम्प्रदाय आदि प्रमुख हैं। मीरा, रसखान, नरोत्तमदास आदि कुछ कवि सम्प्रदायों से मुक्त रहकर भी कृष्ण की भक्ति कर रहे थे।

कृष्ण भक्ति में माधुर्य भाव प्रमुख है। स्नेहासक्ति और आत्मसमर्पण इसके सोपान हैं। भगवान के सान्निध्य में भक्त को अखण्ड आनन्द की प्राप्ति होती है। जातिगत और वर्गगत विभेदों से ऊपर उठकर भक्त केवल कृष्ण भक्ति में लीन हो जाता है।

कृष्ण काव्य के अन्तर्गत आने वाले कवि भक्त एवं गायक भी हैं, इसी से कृष्ण काव्य गीति तत्त्वों से आपूरित है। इस काव्य की भाषा ब्रज है। इन कवियों ने ब्रजभाषा को साहित्यिक रूप प्रदान किया है।

रीतिकाल (1700-1850 ई.)

हिंदी साहित्य के उत्तर मध्यकाल को रीतिकाल की संज्ञा दी गई है। मिश्रबन्धुओं ने इसे 'अलंकृत काल' नाम दिया, विश्वनाथ प्रसाद मिश्र ने 'शृंगार काल' तथा रमाशंकर शुक्ल रसाल ने 'कला काल' उचित माना। आचार्य शुक्ल ने इसे 'रीतिकाल' नाम से अभिहित किया जो सर्वस्वीकृत हुआ। रीतिकाल का आशय उस काल से है जिसमें निर्दिष्ट काव्य रीति या

प्रणाली के अन्तर्गत रचना करना प्रधान साहित्यिक प्रवृत्ति हो गई थी। इसमें अलंकार, रस, गुण, ध्वनि, नायिका भेद आदि की काव्यशास्त्रीय प्रणालियों के आधार पर काव्य-रचना हुई। इनके लक्षणों के साथ या इनको आधार बनाकर काव्य लिखने की प्रवृत्ति ही रीति नाम से विख्यात हुई और यह प्रवृत्ति इस काल में सर्वप्रधान रही।

मोटे तौर पर शाहजहाँ के शासन की समाप्ति और औरंगजेब के शासन के प्रारम्भ से लेकर लगभग पहले स्वतन्त्रता संग्राम के समय को रीतिकाल का समय माना जाता है। राजनीतिक दृष्टि से यह काल मुगल शासन के चरमोत्कर्ष और तदनन्तर उसके क्रमिक पतन तथा विनाश का युग है। सामाजिक दृष्टि से भी यह घोर अधःपतन का युग था। इसमें सामन्तवाद का बोलबाला था तथा सामन्तशाही के तमाम दोषों का प्रत्यक्ष-अप्रत्यक्ष प्रभाव जनसामान्य पर पड़ना स्वाभाविक था। विलास के उपकरणों की खोज और संग्रह, सुरा-सुन्दरी की आराधना अभिजात वर्ग का शगल था जिसका अनुकरण करने की प्रबल भावना मध्य और निम्नमध्य वर्ग में दिखाई पड़ती थी। नारी की स्थिति भोग्या बनकर रह गई थी। सांस्कृतिक धरातल पर भी स्थिति अत्यन्त शोचनीय थी। धर्म और नैतिकता का परस्पर सम्बन्ध बिखर गया था और विलासिता के लिए समाज में खुली छूट थी। साधनहीन वर्ग में धर्म और आचार के स्थान पर अन्धविश्वास घर कर गया था। धर्मस्थान भ्रष्टाचार तथा पापाचार के केन्द्र बन गए थे। इस दौरान राधा और कृष्ण सामान्य नायक-नायिका के रूप में चित्रित हुए और उनके रूप में खुलकर श्रृंगार की अभिव्यक्ति हुई।

रीतिकाल के कवियों को मुख्यतः दो भागों में बाँटा जा सकता है—रीतिबद्ध कवि और रीतिमुक्त कवि। रीतिबद्ध कवियों में भी दो वर्ग हैं। पहले वे हैं जिन्होंने काव्यशास्त्र की शिक्षा देने के लिए रीतिग्रन्थों की रचना की। उनका प्रमुख उद्देश्य या तो काव्य की शिक्षा देना है या काव्यशास्त्रीय विषय का सोदाहरण प्रतिपादन करना। इन्हें आचार्य कवि भी कहा गया। केशवदास, चिन्तामणि, मतिराम, देव तथा पद्माकर का नाम इसी श्रेणी में आता है। दूसरा वर्ग उन कवियों का है जिन्होंने रीतिग्रन्थों की रचना न करके काव्य-सिद्धान्तों या लक्षणों के अनुसार काव्य-रचना की है। अलंकार, रस, नायिका भेद आदि की परम्परा का निर्वाह इन्होंने अपने काव्य में किया है

किन्तु उनका प्रत्यक्षतः निरूपण नहीं किया। ये मूलतः कवि हैं आचार्य नहीं। इस श्रेणी में बिहारी का नाम महत्त्वपूर्ण है। रीतिमुक्त काव्यधारा के अन्तर्गत वे कवि आते हैं जिन्होंने साहित्यिक रूढ़ियों को त्यागकर भावनाओं के मुक्त क्षेत्र में विचरण पर जोर दिया। इन कवियों ने लक्षण तथा लक्ष्य ग्रन्थ नहीं लिखे, केवल मुक्तक शैली में शृंगार, वीर, नीति तथा भक्ति की रचनाएँ प्रस्तुत कीं। इन कवियों में घनानन्द, बोधा, आलम और ठाकुर प्रमुख हैं।

चूँकि रीतिकाल का अधिकांश साहित्य दरबारों में लिखा गया इसलिए दरबारीपन इसकी मुख्य प्रवृत्ति है। अपने आश्रयदाता की रुचि का ध्यान रखकर काव्य रचना करने के कारण कवियों में शृंगारपरकता की प्रधानता दिखाई देती है। भक्तिकाल का अलौकिक प्रेम यहाँ आकर लौकिक एवं शृंगारिक प्रेम बन गया। कवियों ने राधा-कृष्ण का नाम लेकर आश्रयदाताओं की शृंगार लीलाओं का वर्णन करना प्रारम्भ कर दिया। "आगे के सुकवि रीझिहैं तो कविताई नाहिं तौ राधा-कन्हाई सुमिरन को बहानो है"—उनका आदर्श वाक्य था।

रीतिकाल के अधिकांश कवियों ने संस्कृत के लक्षण ग्रन्थकार आचार्यों का अनुसरण करते हुए लक्षण ग्रन्थों का सृजन किया। यह काव्यांग निरूपण काव्य रचना का निमित्त मात्र है। इसमें मौलिकता का अभाव है। विषय-वस्तु की दृष्टि से रीतिकाल में विविधता का अभाव है। प्रधानतः शृंगार और उसमें भी नायिका भेद का ही वर्णन हुआ है। किन्तु कुछ माधुर्य भक्ति तथा लोकव्यवहार की नीति सम्बन्धी रचनाएँ भी प्राप्त हुई हैं। रहीम, वृंद, गिरधर की नीतिपरक रचनाएँ बहुत लोकप्रिय रहीं।

रीतिमुक्त कवियों ने रीतिबद्ध कवियों से भिन्न मार्ग अपनाया। इनकी सर्वप्रमुख विशेषता प्रेम की स्वतन्त्रता थी। इनका प्रेम अलौकिकता की ओर उन्मुख था। इन कवियों ने प्रेम के उदात्त पक्ष को प्रस्तुत किया। इन्होंने प्रेम की आन्तरिक अनुभूतियों को प्रमुखता दी जो शेष रीतिकाव्य में लगभग अनुपस्थित है।

रीतिकाल में यद्यपि कुछ प्रबन्ध काव्य भी लिखे गए किन्तु प्रधानता मुक्तक की ही रही है। कवित्त, सवैया, दोहा, कुंडलिया—इस काल के बहुप्रयुक्त छन्द हैं। इसमें साहित्य की भाषा के रूप में ब्रजभाषा का ही प्रयोग हुआ है। ब्रजभाषा को पूर्ण प्रौढ़ता इसी काल में प्राप्त हुई और उसका वर्चस्व

भारतेन्दु युग तक बना रहा।

आधुनिककाल (1850)

उत्तर भारत में सामन्तवाद के ह्रास के साथ ही हिंदी कविता के रीतिकाल का समापन होता है। इसके साथ ही एक नई सामाजिक-राजनीतिक चेतना का प्रादुर्भाव हुआ। परिस्थितियों में व्यापक स्तर पर परिवर्तन आया। 18वीं शती के उत्तरार्द्ध से भारत में अंग्रेजों का वर्चस्व बढ़ गया। उन्होंने भारत के उद्योग-धन्धों को नष्ट कर दिया। जमीन को अपने कब्जे में करके किसानों पर लगान का बोझ बहुत बढ़ा दिया। माल को ढोने और सेना को सुदूर प्रदेशों तक जल्दी पहुँचाने के लिए रेल व्यवस्था कायम की। उनकी लुटेरी व्यापार नीति ने भारतीय अर्थव्यवस्था के विकास में बाधा पहुँचाई। इसी का परिणाम 1857 का 'सिपाही' विद्रोह था। लगभग यहीं से आधुनिक युग की शुरुआत मानी जाती है।

भारतेन्दु युग

साहित्य के क्षेत्र में नयी विचारधारा का समुचित प्रवेश भारतेन्दु के रचनाकाल (1868 ई.) से हुआ। इसी वर्ष उनके सम्पादकत्व में 'कविवचनसुधा' का प्रकाशन भी हुआ। भारतेन्दु हरिश्चन्द्र को हिंदी साहित्य में आधुनिकता का प्रवर्तक साहित्यकार माना जाता है। इसीलिए आधुनिककाल के पहले चरण को भारतेन्दु युग के नाम से अभिहित किया गया है।

भारतेन्दु युग का साहित्य भारतीय पुनर्जागरण का प्रतिबिम्ब है। सन् 1857 की क्रान्ति के बाद भारत सीधा ब्रिटिश शासन के अन्तर्गत आ गया। किन्तु भारतीयों के आर्थिक शोषण, उनकी उपेक्षा और दमन में कोई अन्तर नहीं पड़ा था। बंगाल में राजा राममोहन राय द्वारा प्रवर्तित आन्दोलन ब्रह्म समाज तो चल ही रहा था, उत्तर पश्चिम में महर्षि दयानन्द द्वारा प्रवर्तित आर्य समाज, महाराष्ट्र में प्रार्थना समाज तथा सुदूर दक्षिण में थियोसॉफिकल सोसायटी ने पूरे भारत में पुनर्जागरण की लहर दौड़ा दी। सन् 1885 में भारतीय राष्ट्रीय काँग्रेस की स्थापना हुई। मुद्रण कला के विकास से पाश्चात्य चिन्तकों के विचार से भारतीयों का परिचय हुआ। भारतीय पुनर्जागरण के लिए प्रेस का वरदान अत्यन्त मूल्यवान सिद्ध हुआ। अंग्रेजी राज्य की स्थापना

के साथ-साथ देश की सामाजिक संरचना में भी विघटन दिखाई देने लगा। नए-नए आर्थिक वर्गों का जन्म हुआ। उच्च वर्ग और श्रमिक वर्ग के अतिरिक्त एक नए मध्य वर्ग का उदय हुआ। नई शिक्षा प्रणाली द्वारा जो ज्ञान-विज्ञान उपलब्ध हुआ, उससे नए दृष्टिकोण के निर्माण में बहुत सहायता मिली।

भारतेन्दु युग का साहित्य इसी परिप्रेक्ष्य में लिखा गया। इस युग का साहित्य यथार्थबोध पर आधारित है। भारतेन्दु युग के कवियों ने अपने आसपास के जीवन की संवेदना से काव्यात्मक ऊर्जा प्राप्त की। इसीलिए इस काल में तत्कालीन समाज में व्याप्त समस्याएँ जैसे नारी शिक्षा, बाल विवाह, विधवाओं की दुर्दशा, अस्पृश्यता, धार्मिक पाखंड आदि के साथ अंग्रेज शासकों द्वारा भारतीयों का अपमान एवं शोषण इस काल की कविता के मुख्य वर्ण्य विषय रहे हैं। भारत में व्याप्त विसंगतियों के मूल में वे आर्थिक विषमता को स्वीकार करते हैं। साहित्य के माध्यम से इसे पाटने की कोशिश भारतेन्दुयुगीन कवियों ने की। भारतेन्दु ने आर्थिक विषमता, स्वाधीनता, नारी-शिक्षा, धार्मिक पाखण्ड, हिंदी भाषा, सब पर अपने विचार प्रकट किए। उनका व्यक्तित्व आन्दोलनकारी था। वे व्यक्ति नहीं संस्था थे।

भारतेन्दु युग की कविता में राष्ट्रीयता की भावना की प्रचुर अभिव्यक्ति हुई है। यह अभिव्यक्ति मूलतः तीन रूपों में हुई है—वर्तमान दुर्दशा के प्रति क्षोभ, प्राचीन गौरव का गान तथा राष्ट्र के प्रति अनुराग। देश की वर्तमान दुर्दशा के प्रति क्षोभ इस युग की कविता में अत्यन्त प्रबल रूप में दिखाई देता है। जैसे 'भारत-दुर्दशा' नाटक के गीतों में भारत की दुरवस्था तथा उसके कारणों पर सार्थक टिप्पणी हुई है—

> रोवहु सब मिलि कै आवहु भारत भाई।
> हा-हा! भारत दुर्दशा देखी न जाई ॥

भारतेन्दु युग के प्रारम्भिक चरण में अंग्रेज शासकों के प्रति निष्ठा अर्थात् राजभक्ति का स्वर भी मिलता है। इन कविताओं में अंग्रेजों के शासनकाल में प्रजा मात्र की सुख-समृद्धि की मुक्तकण्ठ से प्रशंसा की गई है। किन्तु कविताओं में राजभक्ति का यह स्वर मन्द होता गया और उसी अनुपात में राष्ट्रीयता का स्वर प्रखर होता गया।

भारतेन्दु युगीन कवियों ने शिष्ट हास्य-व्यंग्य के माध्यम से अनेक सामाजिक कुरीतियों पर प्रहार किया है। जैसे भारतीयों की अकर्मण्यता पर व्यंग्य करते हुए भारतेन्दु ने लिखा है–

दुनिया में आके हाथ-पैर हिलाना नहीं अच्छा,
मर जाना पै उठ के कहीं जाना नहीं अच्छा।

अँग्रेजों की गलत नीतियों के विरोध के लिए भी इन कवियों ने हास्य-व्यंग्य का सहारा लिया है। भारतेन्दु युग में प्रायः मुक्तक रचनाएँ ही उपलब्ध होती हैं। काव्य-रचना की भाषा ब्रजभाषा थी।

वस्तुतः इस युग में रचनाशीलता उन्मुक्त होकर विस्तार पाने लगी थी। वस्तु का विस्तार होने और संवेदना की नवीनता से कई नई विधाओं का प्रवर्तन हुआ। इनमें से अधिकांश गद्य विधाएँ थीं। समग्रतः भारतेन्दु युग एक नवीन चेतना से युक्त था जिसमें पहली बार साहित्य जन-चेतना से सम्पृक्त हुआ।

द्विवेदी युग (1900-1920)

इस कालखण्ड को आचार्य महावीरप्रसाद द्विवेदी के नाम पर द्विवेदी युग कहा जाता है। इस समय भारत में व्यापक स्तर पर परिवर्तन हो रहे थे। विदेशी साम्राज्यवाद की बाधाओं के बावजूद देशी पूँजीवाद उदित हो चुका था। तिलक की गिरफ्तारी पर बम्बई के मजदूरों ने हड़ताल की। 1907 ई. में 'सरस्वती' में हड़ताल पर एक लेख छपा था। 1913 में रवीन्द्रनाथ ठाकुर को नोबेल पुरस्कार मिला। गोपालकृष्ण गोखले तथा बालगंगाधर तिलक जैसे कर्मठ नेताओं के दिशा-निर्देशन में 'स्वराज्य' तथा 'स्वतन्त्रता हमारा जन्मसिद्ध अधिकार है' जैसे उत्प्रेरक विचार सामने आये। इस तरह एक स्वाधीन चेतना पूरे देश में व्याप्त हो रही थी।

नई राजनीतिक चेतना तथा सांस्कृतिक पुनरुत्थान के परिणामस्वरूप राष्ट्रीयता तत्कालीन कविता का मुख्य स्वर बन गई। प्रायः सभी कवियों ने देशभक्तिपूर्ण कविताओं की रचना की। मैथिलीशरण गुप्त की 'भारत-भारती' इस तरह की प्रतिनिधि रचना मानी जा सकती है। इस युग के कवियों ने देश की आर्थिक विपन्नता, सामाजिक कुरीतियों, रूढ़ प्रथाओं, धार्मिक

आडम्बरों एवं अन्धविश्वासों का खुलकर विरोध किया। साथ ही स्वदेशी वस्तुओं के प्रयोग और विदेशी वस्तुओं के बहिष्कार पर भी बल दिया।

द्विवेदी युग में वर्ण्य विषय का अद्भुत विस्तार हुआ। अनेक नए विषयों को काव्य में स्थान मिला। जीवन और जगत के सभी दृश्य तथा पदार्थ काव्य का विषय बनने लगे। यह एक क्रान्तिकारी परिवर्तन था। इसके परिणामस्वरूप दीन-हीन कृषक और विधवा के दुःख भी इस युग की काव्य-संवेदना का हिस्सा बने। मैथिलीशरण गुप्त की 'किसान' तथा 'सियारामशरण गुप्त' की 'अनाथ' इस दृष्टि से महत्त्वपूर्ण रचनाएँ हैं। वस्तुतः द्विवेदी युग से पहले राजा, ईश्वर, योद्धा, सामन्त या विविध नायिकाओं को ही काव्य में स्थान प्राप्त होता था। द्विवेदी युगीन काव्य में पहली बार जनसाधारण को काव्य-विषय के रूप में स्वीकार किया गया।

द्विवेदीयुगीन काव्य का प्रधान स्वर आदर्शवादी तथा नीतिपरक है। यह युग सुधार काल का चरम बिन्दु था। इसीलिए इसे जागरण-सुधार काल भी कहा जाता है। इस युग के कवियों ने साहित्य की सोद्देश्यता को अनिवार्य माना है। सुधार एवं उपदेश की प्रवृत्ति, कोमल भावों के प्रति उपेक्षा और खड़ी बोली का प्रथम चरण होने के कारण द्विवेदी युग की शैली इतिवृत्तात्मक रही है।

भाषा के क्षेत्र में द्विवेदी युग ने क्रान्तिकारी परिवर्तन उपस्थित किया। द्विवेदीयुगीन कवियों ने कविता के लिए खड़ी बोली को अपनाया जिसे भारतेन्दु युग में काव्योपयुक्त नहीं माना जाता था। इससे पूर्व खड़ी बोली के पक्ष में एक काव्यान्दोलन छिड़ गया था। खड़ी बोली को कविता का माध्यम बनाने में महावीर प्रसाद द्विवेदी का योगदान अविस्मरणीय है। महावीर प्रसाद द्विवेदी भाषा और साहित्य के व्यवस्थापक थे। 'सरस्वती' पत्रिका के माध्यम से उन्होंने यह कार्य किया। 'सरस्वती' के माध्यम से उन्होंने विभक्तियों, विरामादि चिह्नों के प्रयोग तथा समानार्थक अनेक रूपों के व्यवहार से उत्पन्न अस्पष्टता को दूर करने का प्रयास किया। इस काल में हिंदी के प्रचार कार्य में वृद्धि होने के साथ-साथ भाषा की एकरूपता की आवश्यकता अनुभव की जाने लगी थी। खड़ी बोली की स्थापना के बावजूद ब्रजभाषा की प्राचीन काव्य-परम्परा भी द्विवेदी युग में क्षीण रूप में बनी रही। इस श्रेणी में जगन्नाथदास रत्नाकर, सत्यनारायण 'कविरत्न' आदि के नाम

उल्लेखनीय हैं।

समग्रतः द्विवेदीयुगीन काव्य सांस्कृतिक पुनरुत्थान, उदार राष्ट्रीयता, जागरण-सुधार एवं उच्चादर्शों का काव्य है। इसमें विषय के स्तर पर अपार वैविध्य और व्यापकता है। खड़ी बोली के स्वरूप निर्धारण और विकास का श्रेय भी इसी युग को जाता है।

छायावाद (1920-1936)

मोटे तौर पर दो महायुद्धों के बीच के समय को छायावाद का काल माना जा सकता है। द्विवेदी युग की शुष्क, उपदेशात्मक, इतिवृत्तात्मक और आदर्शवादी काव्यधारा के बीच से उभरकर उसकी सीमाओं को रेखांकित करते हुए स्वच्छन्दतावादी प्रवृत्ति के विकसित रूप में जो काव्यधारा सामने आई उसे छायावाद की संज्ञा दी जाती है। वस्तुतः छायावाद बीसवीं शताब्दी के प्रथम दो दशकों में भारत के नवजागरण का काव्यात्मक रूपान्तर है। विकासमान और संघर्षशील पूँजीवाद तथा पाश्चात्य संस्कृति, शिक्षा और साहित्य के निकट सम्पर्क एवं प्रभाव ने भारत में व्यक्तिवाद को जन्म दिया। जिसके परिणामस्वरूप हिंदी कविता में छायावाद के रूप में वैयक्तिक अनुभूतियों और व्यक्तिवादी प्रवृत्तियों की सीधी अभिव्यक्ति होने लगी।

अनेक आलोचकों ने छायावाद की परिभाषा देकर इसके स्वरूप को स्पष्ट करने की चेष्टा की है। शुक्ल जी इसे रवीन्द्रनाथ ठाकुर की कविताओं के प्रभाव से आया हुआ मानकर इसका सम्बन्ध ईसाई सन्तों के फैंटेसमाटा (छायाभास) शब्द से जोड़ते थे। उन्होंने इसकी परिभाषा देते हुए लिखा है–''छायावाद शब्द का प्रयोग दो अर्थों में समझना चाहिए। एक तो रहस्यवाद के अर्थ में जहाँ इसका सम्बन्ध काव्यवस्तु से होता है अर्थात् जहाँ कवि उस अनन्त और अज्ञात प्रियतम को आलम्बन मानकर अत्यन्त चित्रमयी भाषा में प्रेम की अनेक प्रकार से व्यंजना करता है। छायावाद का दूसरा प्रयोग काव्य शैली या पद्धति के अर्थ में है। प्रस्तुत के स्थान पर उसकी व्यंजना करनेवाली छाया के रूप में अप्रस्तुत का कथन।'' डॉ. नगेन्द्र ने छायावाद को 'स्थूल के प्रति सूक्ष्म का विद्रोह' मानते हुए कहा कि ''वास्तव पर अन्तर्मुखी दृष्टि डालते हुए उसे वायवीय अथवा अतीन्द्रिय रूप देने की प्रवृत्ति छायावाद की मूल प्रवृत्ति है।'' पं. नन्ददुलारे वाजपेयी ने इसका सम्बन्ध

युगबोध से जोड़ते हुए भी इसे व्यक्त सौन्दर्य में आध्यात्मिक छाया का भान कहा। डॉ. नामवर सिंह ने अपनी पुस्तक 'छायावाद' में दिखाया कि छायावाद वस्तुतः कई काव्य प्रवृत्तियों का सामूहिक नाम है और उस राष्ट्रीय जागरण की काव्यात्मक अभिव्यक्ति है जो एक ओर पुरानी रूढ़ियों से मुक्ति पाना चाहता था और दूसरी ओर विदेशी पराधीनता से। वस्तुतः साहित्य-सृजन की दृष्टि से यह अत्यन्त समृद्ध काल है। इस दौरान विपुल काव्य-राशि का निर्माण हुआ। प्रसाद, पन्त, महादेवी वर्मा और निराला जैसे रचनाकार इस युग के आधार स्तम्भ हैं।

छायावाद की कविता अन्तर्मुखी कविता है इसलिए इसके कवियों ने निर्वैयक्तिकता का आवरण उतार फेंका है। इस युग की कविता व्यक्तिवादी कविता है। छायावादी कवि काव्य में व्यक्त अनुभूतियों को साहसपूर्वक अपनी अनुभूतियाँ कहता है। निराला ने जहाँ लिखा–"मैंने मैं शैली अपनाई" वहीं पन्त ने लिखा– "बालिका मेरी मनोरम मित्र थी।" अंग्रेजी की रोमांटिक कविता की तरह छायावादी कवि भी अपनी रचनाओं का नायक स्वयं है।

छायावादी कविता में रहस्य भावना का भी प्राधान्य है। कविता की अन्तर्मुखता ने इस धारा के लगभग सभी कवियों में आध्यात्मिक अभिव्यक्ति की आकुलता का आभास दिया है। इसीलिए छायावादी कवि प्रश्नाकुल है। वह जीवन-जगत् के रहस्यों को जान लेना चाहता है। वह परम सत्य को भी जान लेना चाहता है, चाहे वह कितना भी अज्ञेय क्यों न हो। पन्त की कविता 'मौन निमन्त्रण' रहस्यमूलक जिज्ञासा का अच्छा उदाहरण है। महादेवी वर्मा की अनेक कविताएँ इसी भाव से प्रेरित हैं।

छायावादी कविता में प्रकृति के प्रति एक नया दृष्टिकोण दिखाई पड़ता है। वस्तुतः प्रकृति छायावाद के समस्त सौन्दर्य की निर्मात्री है। छायावादी कवि एक ओर प्रकृति से जूझता है, दूसरी ओर उससे प्रेम करता है। प्रकृति के आलम्बन, उद्दीपन, मानवीकरण, रहस्यमूलक आदि जितने भी सम्भावित रूप हैं–उनका चित्रण छायावादी काव्य में मिलता है। प्रकृति के मानवीकरण की प्रक्रिया में इन कवियों ने प्रकृति को अपने मनोजगत के प्रतीकों के रूप में भी उपस्थित किया है। जैसे निराला ने बादल को 'विप्लव का वीर' कहा है।

छायावादी काव्य में नारी के प्रति उदात्त भावों की अभिव्यक्ति हुई है।

इस युग के कवियों ने नारी को मानवीय सहृदयता के साथ अंकित किया है। नारी के साथ सहानुभूति रखने के साथ-साथ उसमें पाए जाने वाले दया, ममता, समर्पण, सहिष्णुता, करुणा आदि मानवीय गुणों का अनुसन्धान किया। पन्त की कविताओं में नारी के प्रति अत्यन्त स्वस्थ दृष्टिकोण उभरकर आया तो निराला ने नारी की यथार्थ स्थिति को पहचानकर उसे चित्रित किया है।

शिल्प के क्षेत्र में छायावाद का क्रान्तिकारी योगदान रहा। इन कवियों ने खड़ी बोली को न केवल कोमलता और सुकुमारता प्रदान की, अपितु उसे काव्य भाषा के रूप में अधिक गम्भीर व सक्षम बनाया। लाक्षणिकता, संगीतात्मकता, ऐन्द्रिकता तथा बिम्बात्मकता ने काव्य भाषा को नए आयाम प्रदान किए। मानवीकरण इन कवियों का प्रिय अलंकार रहा। छन्द के क्षेत्र में भी छायावाद में क्रान्तिकारी परिवर्तन हुए। परम्परागत छन्दों के अतिरिक्त इन कवियों ने मुक्त छन्द को रूपाकार दिया। मुक्त छन्द के क्षेत्र में मुख्य रूप से निराला का प्रदेय है। समग्रतः कहा जा सकता है कि छायावाद में भाव, भाषा तथा छन्द विधान सभी क्षेत्रों में नवीनता का आगमन हुआ है।

छायावाद के समानान्तर एक अन्य काव्यधारा प्रवाहित हो रही थी जिसके कवियों में माखनलाल चतुर्वेदी, बालकृष्ण शर्मा 'नवीन', भगवती चरण वर्मा, हरिवंश राय बच्चन और नरेन्द्र शर्मा आदि के नाम महत्त्वपूर्ण हैं। इसे सामान्यतः छायावादोत्तर काव्य की संज्ञा दी जाती है। इन कवियों में छायावाद की भाँति स्वच्छन्दतावाद का प्रकाश है पर उससे कुछ भिन्नता भी है। इन कवियों की कविता को मस्ती और फक्कड़पन की कविता कहा जाता है।

प्रगतिवाद

छायावाद की वायवीयता, काल्पनिकता और लाक्षणिकता की प्रतिक्रिया में हिंदी साहित्य में एक नए दृष्टिकोण तथा नवीन कलादृष्टि का आविर्भाव हुआ जिसे प्रगतिवाद का नाम दिया जाता है। 1936 में प्रेमचन्द की अध्यक्षता में हुए प्रगतिशील लेखक संघ की स्थापना के साथ प्रगतिवाद का आरम्भ माना जा सकता है।

प्रगतिवाद का मूल आधार मार्क्स की साम्यवादी विचारधारा है। मार्क्स ने द्वन्द्वात्मक भौतिकवाद के आधार पर मानव इतिहास की व्याख्या की और

अर्थ को ही भौतिक जीवन की सम्पूर्ण विषमताओं का कारण मानते हुए अर्थ के समान विभाजन द्वारा समाज की उन्नति पर बल दिया। मार्क्स का परम लक्ष्य वर्गविहीन तथा शोषणमुक्त समाज की स्थापना करना था।

पूँजीवादी व्यवस्था के प्रति प्रगतिवादी कवियों का रवैया विद्रोहमूलक रहा है। पूँजीवाद को सभी आर्थिक विषमताओं का कारण मानते हुए वे पूँजीपतियों को मजदूरों का शोषक तथा उनकी दयनीय स्थिति के लिए उत्तरदायी मानते हैं। इसलिए उनकी कविता में पूँजीपतियों के प्रति घृणा एवं रोष और इस क्रम में मजदूर या निर्धन वर्ग के प्रति सहानुभूति का स्वर स्वतः ही समाविष्ट हो जाता है। इस पूरी व्यवस्था के प्रति उनकी खिन्नता या क्षुब्धता अन्ततः क्रान्ति के आह्वान में परिणत हो जाती है। त्राहि-त्राहि मचा देने वाली इस क्रान्ति को वे पूँजीवादी व्यवस्था के समूल नाश के लिए अनिवार्य मानते हैं। बालकृष्ण शर्मा नवीन का प्रसिद्ध क्रान्ति गीत इस सन्दर्भ में उल्लेखनीय है–"कवि कुछ ऐसी तान सुनाओ/जिससे 'उथल-पुथल' मच जाए।"

प्रगतिवादी कवियों ने भाग्यवाद, धर्म तथा ईश्वर में आस्था को विकास या उन्नति में बाधक मानते हुए इसे यथास्थिति को बनाए रखने का मूल कारण माना है। इसीलिए प्रगतिवाद में परलोक और उससे जुड़ी सभी धारणाओं का खण्डन किया गया है तथा प्राचीन मान्यताओं, परम्पराओं और रूढ़ियों का विरोध करते हुए उसके विनाश की कामना की गई है। पन्त ने लिखा है–"गा कोकिल बरसा पावक कण/नष्ट भ्रष्ट हो जीर्ण पुरातन।"

प्रगतिवादी काव्य में साहित्य को यथार्थ की भूमि पर प्रतिष्ठित किया गया है। इस धारा का कवि जनता का ध्यान इस लोक अर्थात् मानव-जीवन से जुड़ी विसंगतियों की ओर आकृष्ट करना चाहता है। प्रगतिवाद का साहित्य सोद्देश्यता के लक्ष्य को लेकर लिखा गया है इसलिए इनका सौन्दर्य बोध भी उपयोगितावादी है।

प्रगतिवादी कला का लक्ष्य जीवन से जुड़ा हुआ है। इसके कवि साहित्य को सामाजिक चेतना की अभिव्यक्ति का साधन मानते हैं। कला के प्रति इनका दृष्टिकोण सम्प्रेषणीयता पर आधारित है। इसलिए ये कविता के अभिव्यक्ति पक्ष को अधिक महत्त्व नहीं देते। इनकी भाषा सरल एवं बोलचाल की भाषा है। भाषा की श्रीवृद्धि के लिए उन्हें किसी प्रकार के कृत्रिम अलंकार

की आवश्यकता नहीं है। छन्द के प्रति भी इन कवियों ने उपेक्षा प्रकट की है। युगवाणी को अभिव्यक्ति देने के लिए वे छन्द के बन्धन को अस्वीकार कर देते हैं–"खुल गए छन्द के बन्ध, औ युगवाणी बहती आयास।"

छायावाद की वायवीयता तथा कल्पना का स्थान प्रगतिवाद में सामाजिक यथार्थ ने ले लिया। इस यथार्थ का आधार कल्पना न होकर अनुभव था। इसीलिए प्रगतिवादी साहित्य अधिक प्रामाणिक प्रतीत होता है। पन्त, दिनकर, केदारनाथ अग्रवाल, त्रिलोचन, रामविलास शर्मा, शमशेर, नेमिचन्द्र जैन, शिवमंगल सिंह सुमन आदि प्रगतिवाद के मुख्य कवि हैं।

प्रयोगवाद और नयी कविता

हालाँकि प्रयोगधर्मिता, चाहे विषय के स्तर पर हो या रूप के, किसी भी सृजन-कर्म की अनिवार्य प्रवृत्ति है, पर आधुनिक हिंदी कविता में प्रयोगवाद से अभिप्राय उस काव्यधारा से है जो छायावाद और प्रगतिवाद की प्रतिक्रियास्वरूप विकसित हुई और मोटे तौर पर जिसका आरम्भ 'तार सप्तक' के प्रकाशन (1943) से माना जाता है। 'तार सप्तक' का प्रकाशन एक ऐतिहासिक घटना है। अज्ञेय के सम्पादन में निकले इस संग्रह में सात कवियों की रचनाएँ संकलित थीं, जिनमें अज्ञेय के अलावा रामविलास शर्मा, मुक्तिबोध, प्रभाकर माचवे, गिरिजाकुमार माथुर, भारतभूषण अग्रवाल और नेमिचन्द्र जैन शामिल थे। 'तार सप्तक' की भूमिका में अज्ञेय ने स्पष्ट किया था कि "अलग-अलग विचार-सरणि के ये सातों कवि राही नहीं, बल्कि राहों के अन्वेषी हैं।" पारम्परिक सौन्दर्य-बोध की लीक से हटकर वस्तु एवं शिल्प दोनों स्तरों पर अन्वेषण और प्रयोगशीलता का आग्रह ही प्रयोगवादी कविता का प्रमुख उद्देश्य है।

प्रयोगवाद ने जहाँ एक ओर छायावाद की अतिशय वायवीयता, भावुकता और कोमलता का निषेध किया, वहीं प्रगतिवाद की वैचारिक कट्टरता के प्रति भी विरोध प्रकट किया। प्रयोगवाद की सर्वप्रमुख विशेषता है–वैयक्तिकता की अभिव्यक्ति और व्यक्ति-स्वातन्त्र्य तथा व्यक्ति की निजता में गहरी आस्था। अज्ञेय की 'नदी के द्वीप' शीर्षक कविता में वैयक्तिकता और व्यक्ति-स्वातन्त्र्य की अभिव्यक्ति इस रूप में हुई है–"किन्तु हम हैं द्वीप/हम धारा नहीं हैं/स्थिर समर्पण है हमारा/हम सदा से द्वीप हैं

स्रोतस्विनी के/किन्तु हम बहते नहीं हैं/क्योंकि बहना रेत होना है/हम बहेंगे तो रहेंगे ही नहीं।''

प्रयोगवाद की एक अन्य विशेषता है—जीवन को देखने-परखने का बौद्धिक नजरिया। छायावादी भावुकता से भिन्न प्रयोगवादी कवियों ने कविता में बौद्धिकता को अत्यन्त महत्त्व दिया। आधुनिक जीवन की जटिलताओं के परिप्रेक्ष्य में संशय, कुण्ठा, सन्त्रास, आत्मान्वेषण आदि की अनुगूँज प्रयोगवादियों में प्रबल रही है। प्रयोगवाद ने शब्द-योजना और प्रतीक-विधान में काफी परिवर्तन किए और इस धारा की कविताओं में पुराने प्रतीकों में नये तथा अकाव्यात्मक और अनगढ़ समझे जाने वाले शब्दों को भी कविता में प्रयुक्त करने का प्रयास दिखाई देता है।

सन् 1951-52 से प्रयोगवाद का पर्यवसान 'नयी कविता' नामक काव्यान्दोलन में हो जाता है। उल्लेखनीय है कि अज्ञेय तथा उस दौर के रचनाकार अपने को प्रयोगवादी न मानकर प्रयोगशील मानते थे। 'प्रयोगवाद' नाम आलोचकों का दिया हुआ है। सन् 1951 में अज्ञेय के सम्पादकत्व में प्रकाशित दूसरा सप्तक जिसे नयी कविता का उद्घोष भी माना जाता है, की भूमिका में अज्ञेय ने स्पष्ट किया था कि प्रयोग अपने आप में इष्ट नहीं है, महज एक साधन है और 'प्रयोगवादी' सम्बोधन वैसा ही है जैसा कि किसी को कवितावादी कहना क्योंकि प्रयोग हर युग के कवियों ने किए हैं।

बहरहाल प्रगतिवाद और प्रयोगवाद के बाद 'नयी कविता' नामक काव्य-आन्दोलन हिंदी कविता में प्रतिष्ठित हुआ, जिसमें प्रयोगवादी और प्रगतिशील धारा के अनेक कवि नयी काव्य-संवेदना के साथ परिदृश्य में आए। सन् 1954 में श्री जगदीश गुप्त के सम्पादन में 'नयी कविता' नामक पत्रिका का प्रकाशन भी आरम्भ हुआ, जिससे इस काव्य-आन्दोलन को व्यापक स्वीकृति प्राप्त हुई। अज्ञेय के सम्पादन में प्रकाशित 'दूसरा सप्तक' और 'तीसरा सप्तक' की कविताएँ भी नयी कविता आन्दोलन का सार्थक प्रतिनिधित्व करती हैं।

नयी कविता की विशेषताओं में व्यक्ति-स्वातन्त्र्य, वैचारिकता, लघुमानव की प्रतिष्ठा, क्षणवाद, दैनंदिन जीवन की जटिलताओं की अभिव्यक्ति, प्रश्नाकुलता, आत्म-अन्वेषण, रचना-प्रक्रिया और रचनाकार के अन्तःसम्बन्ध, मध्यवर्गीय और आधुनिक नागर जीवन के ऊहापोह और विसंगतिपूर्ण तथा

विडम्बनापूर्ण स्थितियों के चित्रण जैसी प्रवृत्तियाँ रेखांकित की जा सकती हैं। इन कवियों ने कथ्य और शिल्प के स्तर पर अनूठे और वैविध्यपूर्ण प्रयोग किए हैं। नयी कविता ने 'ईमानदारी' का आश्रय लेते हुए यह सिद्ध किया कि दैनंदिन जीवन का प्रत्येक सन्दर्भ और अनुषंग कविता का वर्ण्य हो सकता है। नयी कविता ने जीवन्त बिम्बों की सृष्टि कर तथा शब्दों में नए अर्थ-संकेत-भर काव्य-शिल्प को नया उत्कर्ष प्रदान किया और नाद-योजना तथा पद-विन्यास को अनूठी भंगिमा प्रदान करते हुए कविता के स्थापत्य को कथ्य के अविच्छिन्न हिस्से के रूप में प्रतिष्ठित किया। नयी कविता के रचनाकारों में अज्ञेय, मुक्तिबोध, शमशेर, भारतभूषण अग्रवाल, विजयदेव नारायण साही, गिरिजाकुमार माथुर, श्रीकान्त वर्मा, धर्मवीर भारती, भवानी प्रसाद मिश्र, धूमिल, रघुवीर सहाय, केदारनाथ सिंह तथा कुँवर नारायण विशेष रूप से उल्लेखनीय हैं।

नयी कविता हिंदी साहित्य में आन्दोलन का रूप धारण करने वाली आखिरी प्रवृत्ति थी। नयी कविता के बाद अनेक प्रवृत्तियों का आगमन हुआ, जिनमें अकविता, अतिकवितावादी कविता आदि मुख्य हैं, किन्तु किसी भी प्रवृत्ति में आन्दोलन के स्तर की व्यापकता नहीं थी। इसीलिए हिंदी साहित्य में वे अपनी सार्थक उपस्थिति दर्ज नहीं करा पाईं। समकालीन कविता के परिदृश्य में जो रचनाएँ हैं, वे मुख्य रूप से छायावाद, प्रगतिवाद तथा प्रयोगवाद—तीनों धाराओं से प्रेरित हैं। वस्तुतः समकालीन कविता का परिदृश्य अत्यन्त व्यापक है, जिसे किसी एक प्रवृत्ति में बाँधना कठिन है।

कबीर

कबीर भक्ति काव्यधारा की निर्गुण काव्यधारा के ज्ञानाश्रयी शाखा के प्रमुख सन्त कवि हैं।

कबीर की विचारधारा पर उस युग की सांस्कृतिक, धार्मिक और सामाजिक परिस्थितियों का प्रभाव स्पष्ट देखा जा सकता है। मुस्लिम शासकों से आक्रान्त उच्च वर्ग धर्म की कट्टरता और कर्मकांड़ों की ओर झुक रहा था। निम्न वर्ग का उच्च वर्ग द्वारा शोषण किया जा रहा था और वह धर्म-परिवर्तन में अपनी सुरक्षा देख रहा था। दक्षिण की स्थिति यद्यपि कुछ भिन्न थी, फिर भी निम्नवर्ग वहाँ भी ब्राह्मणों और सामन्तों की श्रेष्ठता से त्रस्त था। ऐसी परिस्थितियों, प्रभावों और भाव-संस्कारों ने कबीर के विचार और वाणी को समृद्ध किया।

पोथी-ज्ञान में रुचि न होने के कारण उनके मुख से उच्चरित वाणी उनके शिष्यों द्वारा लिपिबद्ध की गई। कबीर-वाणी तीन रूपों में उपलब्ध है–

रमैनी–इसके अन्तर्गत जीव और जगत से सम्बद्ध आध्यात्मिक तत्त्वों का विवेचन है।

पद–परम तत्त्व ब्रह्म के विषय में गाए जाने वाले गीत एवं भजन इसके अन्तर्गत आते हैं।

साखी–जीव सम्बन्धी स्वानुभूत तथ्यों का आकलन किया गया है, साखी का अर्थ है–साक्षी, प्रमाण। इसमें जीव और जगत के रहस्यों का तर्क और नीतिपूर्ण वर्णन है।

कबीर निर्गुण ब्रह्म के उपासक हैं। एक ओर वे ब्रह्म की व्याख्या तर्क और बुद्धि तत्त्व के संयोग से करते हैं तो दूसरी ओर ईश्वर प्राप्ति के लिए पूर्ण समर्पण पर बल देते हैं। कबीर का ईश्वर आत्मा के रूप में जीव में, ब्रह्म के रूप में सम्पूर्ण सृष्टि और सृष्टि से परे भी विद्यमान है।

ब्रह्म की प्राप्ति नाम स्मरण के द्वारा ही हो सकती है–यह गुरु ही

बता सकता है, वही ज्ञान चक्षुओं को खोलकर ब्रह्म के स्वरूप के दर्शन कराता है। इसी से कबीर के काव्य में गुरु गोविन्द से बड़े बनकर उपस्थित हैं।

कबीर की भक्ति का एक ही अर्थ है—निष्काम, निश्छल-समर्पण और कामना रहित प्रेम। ऐसा प्रेम दिव्य है, वह अकथ कहानी भी है, गूँगे का गुड़ भी, जिसका वर्णन नहीं हो सकता। यह न बाड़ी में उगता है न हाट में बिकता है। इसको प्राप्त करने के लिए शीश को उतारकर भूमि पर रखना होता है। कबीर का यह प्रेम अहैतुक है, उन्हें बदले में न मोक्ष चाहिए न भौतिक साधन सम्पन्नता। कबीर के अनुसार सम्पूर्ण समर्पण स्त्री ही कर सकती है। पुरुष के चित्त की यह वृत्ति नहीं है, इसी से कबीर स्वयं को राम की बहुरिया मानते हैं।

कबीर का युग अनेक प्रकार के कर्मकाण्डों, आडम्बरों, छुआछूत और भेदभाव से आच्छादित था। कबीर इन सबका घोर विरोध करते हैं। कबीर न हिन्दू धर्म से पूरी तरह सन्तुष्ट हैं न मुस्लिम धर्म से। उन्हें दोनों ही धर्म अधूरे लगे। वे दोनों की ही आलोचना कड़े शब्दों में करते हैं। कबीर के काव्य में रहस्यवाद की जिज्ञासा, आकर्षण और हठयोग का भी सम्मिश्रण है।

कबीर सर्वप्रथम विह्वल भक्त हैं, उनके पास हृदय है, भाव और विचार हैं। अपनी बात कहने के लिए व्यापक अनुभव और प्रतिभा भी है, इसी के बल पर उन्होंने अद्वितीय काव्य की रचना की। कबीर की भाषा बोलचाल की भाषा है जिसमें अवधी, भोजपुरी, राजस्थानी, पंजाबी बोलियों के शब्द हैं। कबीर ने भाषा का प्रयोग विषय और भावों के अनुसार किया है। कहीं व्यंग्य करते हुए कठोर हैं, कहीं भक्ति और प्रेम विह्वलता में सहज सरल। कबीर की भाषा मार्मिक और तीक्ष्ण है। अलंकारों प्रतीकों का सहज स्वाभाविक प्रयोग है।

कबीर के समता और सामंजस्यमूलक विचार आज भी प्रासंगिक हैं। भारत को अगली सदी में ले जाने के लिए, राष्ट्र को नए सरोकारों से जोड़ने, बाजारवाद की चुनौती का सामना करने के लिए कबीर की विचारधारा अनिवार्य है। आज के युग की सबसे बड़ी माँग में कबीर का उद्बोधन ही राह सुझाएगा।

जाति न पूछो साधु की, पूछ लीजिए ज्ञान।

प्रतिपाद्य

पद

प्रस्तुत पद में आध्यात्मिक प्रेम को वर्णनातीत बताते हुए कबीर ने कहा है कि यह ऐसा फल है जो बिना धरती और बीज के उत्पन्न होता है जिसके विषय में केवल गुरु ही बता सकता है। इसे प्राप्त कर व्यक्ति जन्म-मृत्यु के चक्र से मुक्त हो जाता है।

पूर्ण समर्पण की शक्ति स्त्री में मानते हुए कबीर स्वयं को राम की पत्नी मानकर पति राम के आगमन पर मंगलगान करने को कहते हैं। यह प्रेम, तन मन को निमग्न करने पर ही प्राप्त होता है। यह विवाह शरीर की वेदी, ब्रह्मा के मन्त्रोच्चार और देवताओं की उपस्थिति में सम्पन्न होता है।

कबीर ने इस पद में बाह्य आडम्बरों का विरोध करते हुए हिन्दू-मुसलमान दोनों को फटकारा है। उस ब्रह्म को सहज रूप से भक्ति द्वारा प्राप्त किया जा सकता है।

कबीर ने इस पद में राम स्मरण की महिमा बताई है और धर्म के नाम पर होने वाली हिंसा का विरोध किया है। मन को राम में रत करने से इस भव सागर को पार किया जा सकता है, अन्यथा डूबना निश्चित है।

कबीर के अनुसार जब ज्ञान रूपी आँधी चलती है तो भ्रम, दुविधा, मोह, लालसा, तृष्णा, कुबुद्धि आदि दुर्गुण नष्ट हो जाते हैं और ज्ञान का सूर्य उगकर अज्ञान का अन्धकार मिटा देता है।

साखी

इसमें सतगुरु का आभार माना है, जिसने अज्ञान से बन्द आँखें खोलकर ज्ञान रूपी प्रकाश प्रदान कर ब्रह्म से साक्षात्कार कराया।

सद्गुरु लोहार और सुनार के समान शिष्य को साधना में तपाकर और कसौटी पर कस कर दोषमुक्त कर मन चाहा आकार दे देता है।

विरही आत्मा संसार-मार्ग के अन्तिम छोर पर खड़ी हर पथिक से परमात्मा रूपी प्रिय के आने का सन्देश माँग रही है।

कबीर की आत्मा परमात्मा से बिछोह होने के कारण रात-भर जागकर

रोती है, संसार उस परमात्मा के स्वरूप और अस्तित्व से अनभिज्ञ रहने के कारण सुखी रहता है।

द्वैतभाव के रहते प्रभु से मिलन असम्भव है, हृदय से अहंकार और द्वैत भाव की समाप्ति से ही प्रभु से मिलन होता है। मिलन के पश्चात दूसरे के लिए हृदय में स्थान नहीं रहता है।

अनहद नाद के उपरान्त आनन्द की वर्षा और तत्त्वरूपी हीरा उत्पन्न होता है, कबीर उसे परखकर भवसागर पार कर लेते हैं।

मनुष्य-जीवन पानी के बुलबुले के समान नश्वर है, जीवन उस तारे के समान है जो सूर्य के आगमन के साथ ही विलुप्त हो जाता है।

इस जीवन में जहाँ प्रसन्नता की मिठास है वहीं दूसरे पल दुःख का खारापन है। यहाँ कुछ भी स्थायी नहीं है।

हिन्दू राम और मुसलमान खुदा-खुदा पुकारकर जीवन को नष्ट कर देते हैं, जो दोनों में एक ही परम तत्त्व को देखता है वही अमरत्व को प्राप्त होता है।

राम और रहीम, काबा और काशी, केवल सम्प्रदायों के दुराग्रहों के कारण भिन्न दिखते हैं, दोनों में एक ही तत्त्व विराजमान है।

पद

अकथ कहानी प्रेम की, कछु कही न जाई।
गूँगे केरि सरकरा, बैठे-बैठे मुसुकाई ॥ टेक ॥
भूमि बिना अरु बीज बिन, तरवर एक भाई।
अनँत फल प्रकासिया, गुर दीया बताई ॥
मन थिर बैसि बिचारिया, रामहि लौ लाई।
झूठी अनभै बिस्तरी, सब थोथी बाई ॥
कहै कबीर सकति कछु नाँही, गुरु भया सहाई।
आँवन जाँनी मिटि गई, मन मनहि समाई ॥

●

दुलहिनीं गावहु मंगलचार।
हम घरि आए राजा राम भरतार ॥
तन रत करि मैं मन रति करिहौ पांचउ तत्त बराती।
रांम देव मोरै पाहुनै आए मैं जोबन मैंमाती ॥
सरीर सरोवर बेदी करिहौं ब्रह्मा बेद उचारा।
रांम देव संगि भांवरि लेइहौं धंनि धंनि भाग हमारा ॥
सुर तैंतीसों कोटिक आए मुनिवर सहस अठासी।
कहै कबीर हंम ब्याहि चले हैं पुरिख एक अबिनासी ॥

●

संतो देखत जग बौराना।
साँच कहौं तो मारन धावै, झूठे जग पतियाना ॥ टेक ॥
नेमी देखा धरमी देखा, प्रात करै असनाना।
आतम मारि पखानहि पूजै, उनमें कछु नहिं ज्ञाना ॥
बहुतक देखा पीर औलिया, पढ़ै कितेब कुराना।
कै मुरीद तदबीर बतावैं, उनमें उहै जो ज्ञाना ॥
आसन मारि डिंभ धरि बैठे, मन में बहुत गुमाना।
पीतर पाथर पूजन लागे, तीरथ गर्व भुलाना ॥
टोपी पहिरे माला पहिरे, छाप तिलक अनुमाना।
साखी सब्दहि गावत भूले, आतम खबरि न जाना ॥
हिन्दू कहै मोहि राम पियारा, तुर्क कहै रहिमाना।
आपस में दोउ लरि लरि मूए, मर्म न काहू जाना ॥
घर घर मन्तर देत फिरत हैं, महिमा के अभिमाना।
गुरु के सहित सिख्य सब बूड़े, अंत काल पछिताना ॥
कहै कबीर सुनो हो संतो, ई सब भर्म भुलाना।
केतिक कहौं कहा नहिं मानै, सहजै सहज समाना ॥

●

पँडिआ कवन कुमति तुम लागे।
बूड़हुगे परिवार सकल सिउँ राम न जपहु अभागे ॥ टेक ॥
वेद पुरांन पढ़े का क्या गुन खर चंदन जस भारा।
रांम नांम की गति नहिं जांनीं कैसे उतरसि पारा ॥
जीउ बधहु सु धरमु करि थापहु अधरम कहहु कत भाई।
आपन कौं मुनिवर करि थापहु काकौ कहौं कसाई ॥

मन के अंधे आपि न बूझहु काहि बुझावहु भाई।
माया कारनि बिद्या बेचहु जनमु अबिरथा जाई ॥
नारद बचन बिआस कहत है सुक कौं पूछह जाई।
कहै कबीर रांमै रमि छूटहु नांहि त बूड़े भाई ॥

●

संतौ भाई आई ग्यांन की आँधी रे।
भ्रम की टाटी सभै उड़ांनी माया रहै न बाँधी रे ॥ टेक ॥
दुचिते की दोइ थूँनि गिरांनी मोह बलेंडा टूटा।
त्रिसनां छांनि परी घर ऊपरि दुरमति भांडा फूटा ॥
आँधी पाछै जो जल बरसै तिहिं तेरा जन भींनां।
कहै कबीर मनि भया प्रगासा उदै भानु जब चीनां ॥

शब्दार्थ

थिर = स्थिर; अनभै = अनुभव; बाई = वायुदोष; दुचिते = दुविधा; उदै = उदित; पांच तत्त्व = पंच तत्व (पृथ्वी, जल, अग्नि, वायु, आकाश); पतियाना = विश्वास करना; नेमी = नियम पालन करनेवाला; डिंभ = दम्भ; बधहु = वध करना; थापहु = स्थापित करते हो; अबिरथा = वृथा।

साखी

गुरुदेव को अंग

सतगुरु की महिमा अनँत, अनँत किया उपगार।
लोचन अनँत उघारिया, अनँत दिखावनहार ॥

सतगुर साँचा सूंरिवाँ, तातैं लोहि लुहार।
कसनी दे कंचन किया, ताइ लिया ततसार ॥

विरह को अंग

बिरहिनि ऊभी पंथ सिरि, पंथी बूझै धाइ।
एक सबद कहि पीव का, कबर मिलैंगे आइ ॥

सुखिया सब संसार है, खायैं अरु सोवै।
दुखिया दास कबीर है, जागै अरु रोवै ॥

परचा को अंग

जब मैं था तब हरि नहीं, अब हरि हैं मैं नाँहि।
प्रेम गली अति साँकरी, या में दो न समाँहि ॥

अंमृत बरिसै हीरा निपजै, घंटा पड़ै टकसाल।
कबीर जुलाहा भया पारखी, अनुभौ उतर्‍या पार॥

काल को अंग

पानी केरा बुदबुदा, अस मानुस की जाति।
देखत ही छिपि जाइंगे, ज्यों तारे परभाति ॥

कबीर यहुजग कुछ नहीं, खिन खारा खिन मीठ।
काल्हि जु बैठा माड़िया, आज मसांनां दीठ ॥

मधि को अंग

हिन्दू मूये राँम कहि, मूसलमान खुदाइ।
कहै कबीर सो जीवता, दुई मैं कदे न जाइ ॥

काबा फिर कासी भया, राँमहि भया रहीम।
मोट चून मैदा भया, बैठि कबीरा जीम ॥

शब्दार्थ

सूरिवाँ = शूरवीर; कसनी = कसौटी; ततसार = सार तत्व; सिरि = सिरा, छोर; कबर = कब, निपलै = उत्पन्न होना; खिन = क्षण; मीठ = मीठा; माडिया = मंड़प

आशय स्पष्ट कीजिए :

1. कहै कबीर सकति कुछ नाँही, गुरु भया सहाई।
2. साखी सब्दहि गावत भूले, आतम खबरि न जाना।।
3. सुखिया सब संसार है, खाये अरु सोवै।

4. पानी केरा बुदबुदा, अस मानुस की जाति।
5. कबीर यहु जग कुछ नहीं, खिन खारा खिन मीठ।

लघूत्तरीय प्रश्न

1. सद्गुरु की महिमा अनन्त है—स्पष्ट कीजिए।
2. कबीर के सच्चे गुरु का स्वरूप बताइए।
3. परमात्मा से बिछुड़ने पर जीवात्मा की विरह दशा पर प्रकाश डालिए।
4. जीवात्मा का परमात्मा से मिलन होने पर द्वैत भाव कैसे मिट जाता है?
5. कबीर के अनुसार मानव-जीवन बुलबुले के समान है—स्पष्ट कीजिए।
6. 'जीवन में कुछ भी स्थायी नहीं है' से कबीर का क्या अभिप्राय है?
7. अमरत्व की प्राप्ति किसे हो सकती है? स्पष्ट कीजिए।
8. काबा और काशी में भिन्नता क्यों दिखती है? कबीर का दृष्टिकोण स्पष्ट कीजिए।

विवेचनात्मक प्रश्न

1. कबीर के काव्य में गुरु का स्थान सर्वोपरि है, इस कथन की समीक्षा कीजिए।
2. कबीर का काव्य बाह्य आडम्बरों पर तीखा प्रहार है—स्पष्ट कीजिए।
3. कबीर के काव्य में हिन्दू-मुस्लिम एकता पर बल दिया गया है, उदाहरण सहित स्पष्ट कीजिए।
4. ज्ञान की आँधी सांसारिक जीवन को किस प्रकार प्रभावित करती है, स्पष्ट कीजिए।
5. कबीर की भाषा पर प्रकाश डालिए।
6. आज के युग में कबीर-काव्य सबसे अधिक प्रासंगिक है, स्पष्ट कीजिए।

तुलसीदास

सगुण भक्ति काव्यधारा की रामभक्ति शाखा के प्रतिनिधि कवि तुलसीदास का जन्म संवत् 1589 में ब्राह्मण परिवार में हुआ था। वह युग राजनीतिक दृष्टि से अस्थिरता से गुजर रहा था, विदेशी आक्रमण, सत्ता-संघर्ष और अन्त में मुगलों का शासन स्थापित हो गया था। हिन्दू जाति धर्म पर होनेवाले अन्तः और बाह्य प्रहारों से आक्रान्त थी। शासक वर्ग की रीति-नीति अपनाने का दबाव बढ़ रहा था, फिर भी हिन्दू अपना धार्मिक-सांस्कृतिक और आध्यात्मिक गौरव बचाने के लिए प्रयत्नशील थे। इन्हीं परिस्थितियों से प्रभावित होकर तुलसीदास जी ने अपने काव्य में सुखी, आदर्श, सन्तुलित, मर्यादित-व्यक्ति, परिवार, समाज और राज्य की परिकल्पना प्रस्तुत की है।

इनकी बारह प्रामाणिक रचनाएँ मानी गई हैं, जिनमें रामचरितमानस, विनय पत्रिका, कवितावली, गीतावली, दोहावली अधिक महत्त्वपूर्ण हैं।

दोहावली में भक्ति, नीति सम्बन्धी दोहे हैं। प्रभु राम की महिमा और एक-निष्ठ भक्ति का स्वर प्रमुख है। कवितावली राम-कथा के कुछ मार्मिक प्रसंगों का आख्यान है। गीतावली में राम-कथा के कुछ अतिरिक्त प्रसंग भी हैं जो दोहावली एवं कवितावली में नहीं आ पाए थे। रामचरितमानस हिंदी का सर्वश्रेष्ठ महाकाव्य है, जिसमें श्रीराम के जन्म से राज्याभिषेक तक के सभी प्रसंगों का मार्मिक एवं प्रभावशाली वर्णन है।

तुलसीदास जी के काव्य में राम सगुण साकार रूप में उपस्थित हैं। धर्म की रक्षा, अनाचार एवं अत्याचार के नाश के लिए धरती पर अवतार ग्रहण करते हैं और समाज की पुनर्रचना करते हैं।

तुलसी की भक्ति दास्यभाव की भक्ति है, वे श्रीराम को स्वामी और स्वयं को उनका विनम्र दास मानते हैं। नवधा भक्ति को भी स्वीकार करते हैं।

तुलसी का काव्य समन्वयवादी काव्य है। उन्होंने एक ओर राम के चरित्र में शील, सौन्दर्य और शक्ति का समन्वय तथा दूसरी ओर ज्ञान, कर्म और भक्ति को अपने काव्य में समान महत्त्व प्रदान किया है। इसके अतिरिक्त तुलसी ने अपने काव्य में शैव और वैष्णव, सगुण और निर्गुण का तथ्यपरक समन्वय स्थापित किया है।

तुलसी के काव्य का उद्देश्य लोकमंगलकारी और लोकहिताय होने के कारण उदात्त है। उनके आराध्य श्री राम अपना सम्पूर्ण जीवन प्रजा की भलाई और समाज के कल्याण के लिए समर्पित कर देते हैं। इसी प्रकार तुलसीदास का सम्पूर्ण काव्य भी जनहिताय ही है, उनका लक्ष्य लोक-कल्याण है। यह काव्य लोकरंजक भी है।

तुलसी के काव्य में जीवन और समाज अपने सम्पूर्ण आयामों में स्पष्ट हुआ है। इसी से जीवन के जितने रंग और रस हो सकते हैं, सभी तुलसी के काव्य में उपस्थित हैं।

तुलसी के काव्य की भाषा अवधी है। अवधी के साहित्यिक और लोकरूप दोनों का सफल प्रयोग इनके काव्य में उपलब्ध होता है। साथ ही कवितावली एवं गीतावली में ब्रज भाषा का उत्कृष्ट प्रयोग है। छन्दों एवं अलंकारों की दृष्टि से विविधता एवं अनेकता स्पष्ट है।

काव्य-रूपों की दृष्टि से तुलसी-काव्य प्रबन्ध और मुक्तक रूप में मिलता है। रामचरितमानस, कवितावली, गीतावली आदि प्रबन्ध काव्य हैं और दोहावली, विनयपत्रिका आदि रचनाएं मुक्तक काव्य के अन्तर्गत आती हैं।

तुलसी का साहित्य शाश्वत मूल्यों और चिरन्तन मानवीय चेतना पर आधारित है। तुलसी ने व्यक्ति और समाज, व्यक्ति और परिवार, व्यक्ति और धर्म, मूल्य और आदर्श, राजा और प्रजा के सम्बन्ध आदि सभी दृष्टियों से अपने विचार काव्य में प्रस्तुत किए हैं—जो उन्हें हर युग में प्रासंगिक बनाते हैं।

प्रतिपाद्य

कवितावली : अयोध्याकाण्ड

राम चौदह वर्ष के वनवास के लिए प्रस्थान करते समय शरीर के वस्त्र एवं

आभूषण उसी निस्पृह भाव से त्याग देते हैं, जैसे मार्ग के वृक्षों को पथिक त्याग देता है। साथ में पत्नी सीता और भाई लक्ष्मण हैं, मानो धर्म और क्रिया शरीर धारण करके साथ दे रहे हों।

जिसके नाम स्मरण मात्र से अजामिल समान पापियों का उद्धार हो जाता है, विशाल पर्वतशिला कण और समुद्र बकरी के खुर के आकार में बदल जाता है, जिनके चरण कमल से पतित पावनी गंगा प्रकट हुई, वही ईश्वर स्वरूप राम उसी गंगा को पार करने के लिए नाव माँग रहे हैं।

सीता जी मन में धैर्य धारण करके नगर से बाहर आईं। दो कदम चलते ही माथे पर श्रम कण चमक उठे, ओठ सूख गए। अधीरता से राम से पूछती हैं—अभी कितना चलना है, पर्णकुटी कहाँ बनाएँगे। सुखों में पली सीता का कष्ट राम को द्रवित कर देता है।

राम, सीता एवं लक्ष्मण के सौन्दर्य का वर्णन है। साँवले वर्ण के राम, गौर वर्ण के लक्ष्मण धनुष-बाण तरकश, सिर पर जटा धारण करके भी कामदेव के शरीर सौष्ठव को लज्जित करने वाले हैं और सीता के समक्ष रति का सौन्दर्य भी फीका है।

ग्राम वधुएँ सीता जी से राम का परिचय पूछती हैं कि जिनका वक्षस्थल और भुजाएँ विशाल हैं, जिनके सिर पर जटाएँ हैं, जो बार-बार मुड़कर आदरपूर्वक तुम्हारी ओर देख रहे हैं, वे साँवले से तुम्हारे कौन लगते हैं?

दोहावली

तुलसी स्वयं को राम के बिना वैसा ही अनुभव करते हैं जैसे मछली जल में पुष्ट होती है, जल विहीन मर जाती है।

साधु को मन से ईश्वर भक्ति करनी चाहिए, बाह्य आडम्बर गृह-त्याग से कुछ लाभ नहीं होता है।

जो मनुष्य कल्पवृक्ष की अपेक्षा पापवृक्ष का सेवन कर अपना मनोरथ पूरा करना चाहते हैं, उनकी कामना व्यर्थ होती है।

धर्म, अर्थ, काम और मोक्ष की कामना करने की अपेक्षा इन चारों को प्रदान करने वाले श्रीराम की भक्ति ही सार्थक है।

राम-कथा मंदाकिनी और चित्त चित्रकूट है, स्नेह के सुन्दर वन में श्रीराम- सीता विचरण करते हैं।

घर की आसक्ति से परलोक और संन्यास से घर छूट जाता है, दोनों के बीच सन्तुलन स्थापित करते हुए श्रीराम भक्ति महत्त्वपूर्ण है।

तुलसीदास जी के अनुसार प्रेम की प्यास का बढ़ना ही श्रेयस्कर है, प्यास मिटने पर कामना के मिटने का भय है। इसी से चातक तू स्वाति नक्षत्र में बरसा जल भी मत पी।

मेघ गरजकर ओले बरसाकर बिजली भी गिरा देता है तब भी चातक की बादल के प्रति निष्ठा कम नहीं होती है।

चातक पक्षी स्वाति नक्षत्र में बरसे जल को ग्रहण करके भी पूरे साल मेघ को पुकारता है, जिससे मेघ को यह आभास न हो कि यह आवश्यकता पड़ने पर ही मुझे पुकारता है।

बैर और प्रेम में मनुष्य के अन्तः और बाह्य दोनों प्रकार के नेत्र बन्द हो जाते हैं और फिर न शत्रु के गुण दिखते हैं न प्रेमी के दोष।

कवितावली : अयोध्याकाण्ड

वन-गमन

कीरके कागर ज्यों नृपचीर, बिभूषन उप्पम अंगनि पाई।
औध तजी मगवासके रूख ज्यों, पंथके साथ ज्यों लोग लोगाईं॥
संग सुबंधु, पुनीत प्रिया, मनो धर्मु क्रिया धरि देह सुहाई।
राजिवलोचन रामु चले तजि बापको राजु बटाउ कीं नाईं॥

गुहका पादप्रक्षालन

नाम अजामिल-से खल कोटि अपार नदीं भव बूड़त काढ़े।
जो सुमिरें गिरि मेरु सिलाकन होत, अजाखुर बारिधि बाढ़े॥
तुलसी जेहि के पद पंकज तें प्रगटी तटिनी, जो हरै अघ गाढ़े।
ते प्रभु या सरिता तरिबे कहुँ मागत नाव करारे ह्वै ठाढ़े॥

वन के मार्ग में

पुरतें निकसी रघुबीरबधू धरि धीर दए मगमें डग द्वै।
झलकीं भरि भाल कनीं जलकी, पुट सूखि गए मधुराधर वै॥
फिरि बूझति हैं, चलनो अब केतिक, पर्नकुटी करिहौ कित ह्वै?
तियकी लखि आतुरता पियकी अँखियाँ अति चारु चलीं जल च्वै॥

सॉवरे-गोरे सलोने सुभायँ, मनोहरताँ जिति मैनु लियो है।
बान-कमान, निषंग कसें, सिर सोहैं जटा, मुनिबेषु कियो है॥
संग लिएँ बिधुबैनी बधू, रतिको जेहि रंचक रूपु दियो है।
पायन तौ पनहीं न, पयादेंहि क्यों चलिहैं, सकुचात हियो है॥

सीस जटा, उर-बाहु बिसाल, बिलोचन लाल, तिरीछी-सी भौहैं।
तून सरासन-बान धरें तुलसी बन-मारगमें सुठि सोहैं॥
सादर बारहिं बार सुभायँ चितै तुम्ह त्यों हमरो मनु मोहैं।
पूँछत ग्रामबधू सिय सों, कहौ, साँवरे-से सखि! रावरे को हैं॥

शब्दार्थ

रूख = वृक्ष; खल = दुष्ट; अज = बकरी; अघ = पाप; करारे = तट; कनी = कण; केतिक = कितना; मैनु = कामदेव; रचक = थोड़ा; पनही = जूहे; सुठि = भले; रावरे = आपके।

दोहावली

राम प्रेम बिनु दूबरो राम प्रेमहीं पीन।
रघुबर कबहुँक करहुगे तुलसिहि ज्यों जल मीन॥

तुलसी जौं पै राम सों नाहिन सहज सनेह।
मूँड़ मुड़ायो बादिहीं भाँड़ भयो तजि गेह॥

राम कामतरु परिहरत सेवत कलि तरु ठूँठ।
स्वारथ परमारथ चहत सकल मनोरथ झूँठ॥

चारि चहत मानस अगम चनक चारि को लाहु।
चारि परिहरें चारि को दानि चारि चख चाहु॥

राम कथा मंदाकिनी चित्रकूट चित चारु।
तुलसी सुभग सनेह बन सिय रघुबीर बिहारु॥

घर कीन्हें घर जात है घर छाँड़े घर जाइ।
तुलसी घर बन बीचहीं राम प्रेम पुर छाइ॥

चातक तुलसी के मतें स्वातिहुँ पिऐ न पानि।
प्रेम तृषा बाढ़ति भली घटें घटैगी आनि॥

उपल बरसि गरजत तरजि डारत कुलिस कठोर।
चितव कि चातक मेघ तजि कबहुँ दूसरी ओर॥

जाचै बारह मास पिऐ पपीहा स्वाति जल।
जान्यो तुलसीदास जोगवत नेही नेह मन ॥

तुलसी बैर सनेह दोउ रहित बिलोचन चारि।
सुरा सेवरा आदरहिं निंदहिं सुरसरि बारि ॥

शब्दार्थ

बादिहीं = वृथा; चनक = चने; आनि = निष्ठा; कुलिस = बिजली; सेवरा = वाम मार्गी साधक; निंदहि = निंदा करना।

आशय स्पष्ट कीजिए :

1. औध तजी मगवासके रूख ज्यों, पंथके साथ ज्यों लोग लोगाई ॥
2. जो सुमिरें गिरि मेरु सिलाकन होत, अजाखुर बारिधि बाढ़े ॥
3. घर कीन्हें घर जात है घर छाँड़े घर जाइ।
4. प्रेम तृषा बाढ़ति भली घटें घटैगी आनि ॥

लघूत्तरीय प्रश्न

1. तुलसी राम के बिना स्वयं को किस अवस्था में पाते हैं?
2. मनुष्य की मनोकामना अपूर्ण क्यों रहती है?
3. मेघ द्वारा दुख देने पर भी चातक पक्षी की निष्ठा मेघ के प्रति कम नहीं होती, स्पष्ट कीजिए।
4. चातक पक्षी पूरे वर्ष मेघ को क्यों पुकारता है?
5. बैर और प्रेम में व्यक्ति के गुण-दोष क्यों नहीं दिखते हैं?
6. गृह-त्याग के समय राम की तुलना पथिक से क्यों की गई है?
7. मार्ग में कुछ दूरी तक ही चलने पर ही सीता शिथिल क्यों हो जाती हैं?
8. ग्राम वधुएँ सीता से क्या पूछती हैं?

विवेचनात्मक प्रश्न

1. तुलसी की भक्ति भावना पर प्रकाश डालिए।

2. मानव जीवन पर राम-कथा के प्रभाव का आकलन कीजिए।
3. तुलसी ने चातक पक्षी को आदर्श प्रेमी क्यों माना है?
4. राम के साथ सीता और लक्ष्मण का साथ मानो धर्म और क्रिया का साथ है, स्पष्ट कीजिए।
5. ग्राम वधुएँ सीता से राम का परिचय पूछने से पहले राम के सौन्दर्य का वर्णन किस प्रकार करती हैं, स्पष्ट कीजिए।
6. कवितावली की भाषा पर प्रकाश डालिए।

पद्माकर

पद्माकर रीतिकाल के अत्यन्त प्रसिद्ध एवं लोकप्रिय कवि हैं। ये रीतिकाल के अन्तिम श्रेष्ठ कवि के रूप में जाने जाते हैं। पद्माकर का जन्म 1753 ई. में बाँदा में हुआ था। इनके पूर्वज मूलतः दक्षिण भारत के निवासी थे। कालान्तर में वे उत्तर भारत में आए और यहीं बस गए। पद्माकर सुगरा, सितारा, जयपुर, ग्वालियर आदि अनेक दरबारों द्वारा सम्मानित हुए। उन्होंने कई ग्रन्थों की रचना की जैसे हिम्मत बहादुर बिरुदावली, जगद्विनोद, पद्माभरण, प्रबोध-पचासा, राम रसायन, गंगालहरी आदि। किन्तु वास्तव में इनकी कीर्ति दो ग्रन्थों पर निर्भर है–जगद्विनोद और पद्माभरण। इन दोनों में भी जगद्विनोद (1810) प्रमुख है। कहा जाता है कि अन्तिम दिनों में उन्हें कुष्ठ रोग हो गया था। उसके निवारणार्थ इन्होंने 'गंगालहरी' लिखी। सन् 1833 में कानपुर में उनका देहावसान हुआ।

पद्माकर के समस्त काव्य को तीन श्रेणियों में विभक्त किया जा सकता है–प्रशस्तिकाव्य, रीतिकाव्य और भक्तिकाव्य। वस्तुतः पद्माकर की कविता में शृंगार, भक्ति और वीरता तीनों भूमियों पर समान रूप से रस-संचार हुआ है। किन्तु वास्तव में वे नायिका भेद के कवि हैं और इसीलिए 'जगद्विनोद' से उन्हें अत्यन्त लोकप्रियता और प्रसिद्धि प्राप्त हुई है। 'जगद्विनोद' एक लक्षण ग्रन्थ है। इसमें नायिका का सौन्दर्य, हाव और उद्दीपन विभाव अत्यन्त प्रभावशाली है। ऋतुवर्णन भी उद्दीपनात्मक है। उत्सवों के वर्णन अत्यन्त उल्लासपूर्ण हैं। नायिका भेद लिखते हुए रीतिकाल के प्रत्येक कवि की अपनी विशेषता है। पद्माकर की विशिष्टता यह है कि वे नायिका के संयोग-वियोग प्रसंगों को ऋतुओं और त्योहारों से जोड़कर शृंगार वर्णन को उत्सवपूर्ण बना देते हैं। फाग उनका प्रिय त्यौहार है–

या अनुराग की फाग लखौ जँह रागती राग किसोर किसोरी।
त्यों पद्माकर धाली घली, फिरि लाल ली लाल गुलाल की झोरी ॥
जैसी की तैसी रही पिचकी कर काहू न केसरि रंग में बोरी।
गोरिन के रंग भीजिगो साँउरो साँउरे के रंग भीजि गो गोरी ॥

कृष्ण और गोपियाँ फाग खेलने के लिए एकत्रित हैं। किन्तु पिचकारियाँ केसर के रंग में डुबोई भी नहीं गईं। वास्तविक फाग हुआ ही नहीं। फिर भी ऐसा लगा कि दोनों पक्षों पर गुलाल उँड़ेल दिया गया हो। कृष्ण गोपियों के रंग में और गोपियाँ कृष्ण के रंग में डूब गईं। इस अनुराग की फाग में कितनी तन्मयता है। पद्माकर का काव्य ऐसे फाग-वर्णनों से भरा पड़ा है। असल में पद्माकर का काव्य-सौन्दर्य ऋतुओं और त्योहारों के साथ जीवन को मिलान में है।

पद्माकर भी मतिराम के समान भाषा और भाव की सहजता के कारण लोकप्रिय हैं। भाषा को विभिन्न भावों के अनुरूप ढाल लेने में ये सिद्धहस्त हैं। किन्तु मतिराम की भाषा में जहाँ उल्लास और आवेग का अभाव है, वहीं पद्माकर की भाषा इस उल्लास और आवेग से संपृक्त लोकोन्मुखी भाषा है। पद्माकर की भाषा की प्रशंसा करते हुए रामचन्द्र शुक्ल ने लिखा है, "इनकी भाषा में वह अनेकरूपता है जो एक बड़े कवि में होनी चाहिए। भाषा की ऐसी अनेकरूपता गोस्वामी तुलसीदास जी में दिखाई पड़ती है। पद्माकर के काव्य में कहीं-कहीं विदग्धता भी मिलती है लेकिन वह केन्द्रीय भाव में ढल जाती है। पद्माकर में बिहारी की तरह समुचित बाह्य चेष्टाओं की योजना द्वारा आन्तरिक भाव को व्यंजित करने की प्रतिभा थी। किन्तु इनमें चमत्कारप्रियता नहीं, या नहीं के बराबर मिलती है.।"

प्रतिपाद्य

पद्माकर के काव्य में रीति, भक्ति और वीरता तीनों प्रवृत्तियाँ दिखाई पड़ती हैं। उन्होंने कृष्ण के सौन्दर्य का वर्णन करते हुए लिखा है कि उनका सौन्दर्य देखकर शंकर सहित सभी देवता आनन्दित हैं। बालक कृष्ण का झिझकना, झूमना, मुदित होना, पैर पटकना, ठुनकना आदि सभी क्रियाएँ मोह लेती हैं। कृष्ण का मक्खन चुराना, ग्वालिनों का माता यशोदा से शिकायत करना, यह

सभी दृश्य पद्माकर ने बड़ी स्वाभाविकता से उकेरे हैं। नन्द के नन्द का स्वागत करने और उन्हें निहारने के लिए नन्दगाँव के लोगों का उत्साह देखते बनता है। कोई रास्ते में फूल बिछा रहा है तो कोई मंगल गीत गा रहा है। सबके हृदय में आनन्द और उल्लास का संचार हो रहा है।

ऋतुराज वसन्त का चित्र खींचते हुए पद्माकर ने इस उल्लास को प्रकृति में व्याप्त दिखाया है। ऋतुओं और त्योहारों के साथ आनन्द और उल्लास का जो प्रगाढ़ सम्बन्ध है, उसे पद्माकर के काव्य में अपनी पूरी छटा के साथ देखा जा सकता है। वसन्त के आने पर और ही भाँति का आनन्द छा जाता है। भँवरे की गुंजन, पक्षियों का कलरव सब और ही भाँति के हैं। सावन की ऋतु में मोरों का शोर, मेह का बरसना, राग मल्हार और भँवरे की गुंजन तो मनभावन लगते ही हैं, सावन की उमंग के साथ झूले की तरंग का सम्बन्ध भी कम मनभावन नहीं है। पद्माकर ने नायिका के सौन्दर्य को भी कुशलता से उकेरा है इसीलिए उन्हें सौन्दर्य का कवि कहा जाता है। नायिका के नेत्रों का सौन्दर्य अनुपम है। समग्रतः पद्माकर के काव्य में विविध भावों का स्वाभाविक चित्रण हुआ है।

सवैया

एकै चलैँ रस गोरस लै अरु एकै चलैँ मग फूल बिछावत।
त्योँ पद्माकर गावती गीत सु एकै चलैँ उर आनँद छावत।
योँ नँदनंद निहारिबे कौं नँदगाँउ के लोग चलैं सब धावत।
आवत कान्ह बने बरसाने तें प्रान परे जु परोसिनि पावत ॥

कूलन मेँ केलि मेँ कछारन मेँ कुंजन मेँ
क्यारिन मेँ कलित कलीन किलकंत है।
कहै पदमाकर परागन मैं पौनहू मैं
पातन मैं पिक मैं पलासन पगंत है।
द्वारे मैं दिसान मैं दुनी मैं देस देसन मैं
देखौ दीपदीपन मैं दीपत दिगंत है।
वीथिन मैं ब्रज मैं नवेलिन मैं बेलिन मैं
बनन मैं बागन मैं बगर्‌यो बसन्त है ॥

औरै भाँति कुंजन मैं गुंजरत भीरै भौरै
औरै डौर झौरन पैं बौरन के वै गए।
कहै पदमाकर सु औरै भाँति गलियान
छलिया छबीले छैल औरै छबि छ्वै गए।
औरै भाँति बिहगसमाज मैं अवाज होति
ऐसे रितुराज के न आज दिन द्वै गए ॥

रूप-रस चाखैं मुख रसना न राखैं फेरि
भाषैँ अभिलाखैं तेज उर के मझारतीं।

कहै पदमाकर त्यौं कानन बिनाहू सुनैं
आनन के बान त्यौं अनोखे अंग धारतीं।
बिन पग दौरैं बिन हाथन हथ्यार करैं
कोर के कटाच्छन पटा से झूमि झारतीं।
पाखन बिना ही करैंलाखन ही वार आँखैं
पावतीँ जौ पाँखैँ तौ कहा धौंकरि डरातीँ।

चकचकी चारु मुखचंद-चाँदनी कौं चितै
चुंग चहूँ ओरन चकोरन की च्वै रहै।
कहै पदमाकर छबीली छाहरी की छटा
छूटि छिति छज्जा द्वार द्वारन लौंछ्वै रहै।
कैसे ताहि लाऊँ केलिकुंज लौँ छिपाइ छबि-
पुंज ही के भारन सँभारि पग द्वै रहै।
साँस लेत सरसे समूहन सुगंध लेत
सारी की सिरी सोँ सरासेत मग ह्वै रहै ॥

भौंरन को गुंजन बिहार बन-कुंजन मैं
मंजुल मलारन को गावनो लगत है।
कहै पदमाकर गुमानहूँ तैंमानहूँ तैं
प्रानहूँ तैंप्यारो मनभावनो लगत है।
मोरन को सोर घनघोर चहुँ ओरन
हिँडोरन को बृंद छबि छावनो लगत है।
नेह सरसावन मैं मेह बरसावन मैं
सावन मैं झूलिबो सुहावनो लगत है ॥

देखु पद्माकर गुविंद की अमित छवि-
संकर समेत बिधि आनँद सौं बाढ़ो है।
झिझकत झूमत मुदित मुसुकात गहि
अंचल को छोर दोऊ हाथन सौं आढ़ो है।

पटकत पाँव होत पैजनी झुनुक रंच
नेक नेक नैनन तेँ नीर-कन काढ़ो है।
आगे नंदरानी के तनिक पय पीवे काज
तीनि लोक ठाकुर सो ठुनुकत ठाढ़ो है।

ए री बीर ग्वालिन गुपाल कहूँ देख्यो जात
खाइ दधि माखन चुराइकै हिरानौ री।
कहै पदमाकर यों सुनि जसुधा के बैन
बोली बोलि ग्वालिन पियूष रस मानौ री।
तेरी सौंह नंदरानी देत हौंबताएँ तोहि
ऐसो ठग दूसरो न ब्रज मैंबखानौ री।
गोपिन को चीर चोरि मेरो चित चोरि तेरे
माखन को चोर मेरी आँखिन समानौ री ॥

शब्दार्थ

कूलन = नदी का तट; केलि = क्रीड़ा; कद्दारन = नदी के किनारे की तट और नीची ज़मीन; पौनहू = हवा में; पिक = कोयल; बीथिन = गली, पंक्ति; बगर्‍याँ = फैलना; झॉरन = गुच्छा; भझारना = बीच में, प्रविष्ट होना; बान = कांति; छिति = पृथ्वी; हिंडोरन = झूले; हिरानौ = खो जाना; पियूष = अमृत, चीर-वस्त्र; सौंह = कसम।

आशय स्पष्ट कीजिए :

1. औरै भाँति बिहगसमाज मैं अवाज होति
   ऐसे रितुराज के न आज दिन द्वै गए ॥
2. पाखन बिना ही करैंलाखन ही वार आँखैं।
3. नेह सरसावन मैं मेह बरसावन मैं
   सावन मैं झूलिबो सुहावनो लगत है ॥
4. आगे नंदरानी के तनिक पय पीवे काज
   तीनि लोक ठाकुर सो ठुनुकत ठाढ़ो है।

लघूत्तरीय प्रश्न

1. नन्दगाँव के लोग किसे देखने के लिए भागे चले जा रहे हैं?
2. वसन्त के आने पर प्रकृति में किस प्रकार के परिवर्तन को लक्षित किया जा सकता है?
3. पद्माकर ने सावन में होने वाली किन-किन क्रियाओं का उल्लेख किया है?
4. 'बिन पग दौरें, बिन हाथ हथ्यार करैं' इस पंक्ति में निहित अलंकार को स्पष्ट कीजिए।
5. 'ऐसो ठग दूसरो न ब्रज में बखानौ री'—यह पंक्ति कौन और किसके लिए कह रहा है?
6. कवि ने बालक कृष्ण की अनेक क्रियाओं का वर्णन किया है, जो उनके सौन्दर्य की अभिवृद्धि कर रहे हैं। उनमें से कुछ क्रियाओं का उल्लेख कीजिए।
7. 'नेक-नेक नैनन तें नीर-कन काढ़ो है।' इस पंक्ति में कौन-सा अलंकार है?

विवेचनात्मक प्रश्न

1. पद्माकर के काव्य में बालक कृष्ण के सौन्दर्य तथा उनकी लीलाओं का वर्णन सूर से किस प्रकार भिन्न है? विचार कीजिए।
2. पद्माकर ने वसन्त ऋतु का वर्णन किन शब्दों में किया है?
3. पद्माकर के काव्य के सन्दर्भ में सावन की उमंग के साथ झूले की तरंग के सम्बन्ध पर विचार कीजिए।
4. पद्माकर की भाषा पर टिप्पणी कीजिए।
5. "गोपिन को चीर चोरि मेरो चित चोरि तेरे
   माखन को चोर मेरी आँखिन समानौ री।"
   इस पंक्ति में निहित कृष्ण के प्रति ग्वालिनों के प्रेम को स्पष्ट कीजिए।
6. 'पद्माकर सौन्दर्य के कवि हैं'—इस कथन पर टिप्पणी कीजिए।

घनानन्द

घनानन्द रीतिमुक्त काव्यधारा के सर्वश्रेष्ठ कवि हैं। घनानन्द का जीवन-प्रवाह कभी मर्यादा के बन्धन में नहीं बँधा और तदनुरूप उनकी कविता ने भी रीति के बन्धन को स्वीकार नहीं किया। जो कुछ उनके जीवन में है, वही रचनात्मक स्तर पर उनकी कविता में है। उनका जन्म 1673 के आसपास हुआ था। वे मुगल सम्राट मुहम्मदशाह रंगीले के मीर मुंशी थे और अहमदशाह अब्दाली के दूसरे आक्रमण (1761) में मारे गए।

'सुजान-सागर' तथा 'सुजान सम्बोधन' के आधार पर यह किंवदन्ती प्रचलित है कि वे सुजान नामक वेश्या को प्यार करते थे। एक बार जब बादशाह को मालूम हुआ कि घनानन्द बहुत अच्छा गाते हैं तब उसने उन्हें गाने की आज्ञा दी किन्तु घनानन्द ने विनम्रता से अपनी असमर्थता व्यक्त की। दरबारियों ने षड्यन्त्र के तहत बादशाह को बताया कि वे सुजान के कहने से गा सकते हैं। सुजान को बुलाया गया। उनके कहने से घनानन्द ने ऐसा गाया कि सारा दरबार मन्त्र-मुग्ध हो गया। लेकिन अपनी आज्ञा का उल्लंघन करने के अपराध में बादशाह ने घनानन्द को देश निकाला दे दिया। सुजान उनके साथ नहीं जा सकीं। वे वृन्दावन जाकर निंबार्क सम्प्रदाय में दीक्षित हो गए और साधु जीवन व्यतीत करने लगे किन्तु सुजान का नाम नहीं भूले। उनकी रचनाएँ सुजानमय हैं।

हिंदी में 'आनन्द घन', 'घनानन्द' 'घन-आनन्द' और 'आनन्द' के नाम से सैकड़ों रचनाएँ मिलती हैं। पहले ये समस्त रचनाएँ एक ही कवि द्वारा रचित मानी जाती थीं किन्तु कालान्तर में शोधकार्यों के माध्यम से पता चला कि ये सारी रचनाएँ एक ही कवि की नहीं हैं। 'घनानन्द' नाम से बहुत सारी रचनाएँ प्राप्त हुई हैं जिनमें प्रमुख हैं—सुजान सागर, विरह लीला, कोकसार, रसकेलि बल्ली और कृपाकाण्ड किन्तु विश्वनाथ प्रसाद मिश्र द्वारा

सम्पादित 'घनानन्द ग्रन्थावली' को ही घनानन्द की रचनाओं का प्रामाणिक संग्रह माना जा सकता है।

घनानन्द वस्तुतः प्रेम की पीर के कवि हैं। शुक्ल जी के अनुसार, ''प्रेम-मार्ग का ऐसा प्रवीण और धीर पथिक तथा ज़बांदानी का ऐसा दावा रखने वाला ब्रजभाषा का दूसरा कवि नहीं हुआ है।'' प्रेम में भी, वियोग पक्ष के चित्रण में उनका कोई सानी नहीं है। वे वियोग के मूर्तिमान कवि हैं। वियोग में प्रेमी की वेदना और उसके हृदय की विचलन को घनानन्द ने अपनी कविता में मूर्तिमान कर दिया है। वियोग की दशा का चित्रण करते समय घनानन्द अलंकारों या रूढ़ियों का सहारा नहीं लेते। बाह्य चेष्टाओं पर भी उनका ध्यान प्रायः नहीं जाता। संयोग वर्णन में भी घनानन्द के यहाँ रीतिबद्ध काव्य की तरह कामशास्त्रीय चित्रण नहीं है। यहाँ तो प्रिय का साक्षात्कार हुआ कि हृदय उमड़ आया, वाणी मौन हो गई। आँखें चुंधिया गईं। इन वियोगियों को संयोग का सुख बहुत कम मिलता है। और यदि कभी मिल भी जाता है तो आँसुओं की झड़ी प्रिय को देखने नहीं देती, ''कौन वियोग करे अँसुवा, जु संयोग में आगेई देखन धावत।''

घनानन्द की भाषा अत्यन्त परिष्कृत है। रीतिकाल के अधिकांश कवियों ने अलंकारों, ध्वनियों, रंगों और अक्षरावृत्तियों को काव्य का उपकरण बनाया है। किन्तु घनानन्द में दो विरोधी शब्दों का ध्रुवीकरण है। इसी को शास्त्रीय शब्दावली में विरोध-वैचित्र्य कहते हैं। यहाँ संयोग में वियोग है और वियोग में संयोग है। जीवन में मरण है और मरण में जीवन है। यह विरोध-वैचित्र्य उनकी काव्य-संरचना का मुख्य कौशल है। जैसे–

''उजरनि बसी है हमारी अंखियानि देखौ''

या

''तुम कौन धौं पाटी पढ़े हौ लला मन लेहु पै देहु छटाँक नहीं।''

असल में घनानन्द के काव्य में कोरी कलात्मकता नहीं है। उनकी कविता में कलात्मकता भी सहजता में ढल जाती है। उनकी कविता एक महान विषय प्रेम से जुड़ी है और उनकी कलात्मकता भी उसी शुद्ध और निरीह भावभूमि पर पहुँचकर सहज बन जाती है।

प्रतिपाद्य

घनानन्द के शृंगारपरक सवैये विषय की विविधता से सम्पन्न हैं। कहीं वियोग में निर्जीव होती जा रही विरहिणी की आँखें चातक के समान हो गई हैं जो स्वाति नक्षत्र के मेघ घिरने (प्रिय के दर्शन होने) पर ही धैर्य धारण करेंगी तो कहीं विरही के मन की दशा की तुलना मीन से की गई है जो जल से बाहर निकाले जानें पर तड़पकर प्राण त्याग देती है। किन्तु विरही इसे प्रेम की प्रगाढ़ता नहीं बल्कि प्रेम का छिछलापन मानता है। जान देकर दुःख से मुक्ति पाने वाला उस असह्य दुःख को तिल-तिलकर जलते हुए झेलने वाले विरही की समानता कैसे कर सकता है। कहीं घनानन्द यह कहते हैं कि प्रेम के मार्ग पर सच्चे स्नेही ही चल सकते हैं। यह मार्ग इतना सीधा है कि उसमें किसी प्रकार के सयानेपन (व्यावहारिक बुद्धि) या वक्रता का कोई स्थान नहीं है, तो कहीं प्रिय का सन्देश पाने पर प्रिया के आनन्द को अभिव्यक्ति देते हैं। प्रिया, प्रिय के न आने के दुःख को यह सोचकर भूल जाती है कि सन्देश चाहे जैसा हो, प्रिय के रंगीले अधरों से निःसृत हुआ है।

घनानन्द ने संयोग शृंगार का भी सुन्दर चित्र उकेरा है। रूप और यौवन से भरपूर प्रिया की छवि का वर्णन करने में प्रेमी अपनी दृष्टि और बुद्धि दोनों को असमर्थ पाता है। विरही के हृदय में दाह और नेत्रों से अश्रुप्रवाह निरन्तर बना रहता है। इतने पर भी विचित्र बात यह है कि प्रिया की छवि एक-एक मुद्रा के साथ उसके सामने खिंची रहती है। आँसुओं की धारा से वह छवि न तो धुलती है, न किंचित् मलिन होती है। लेकिन विडम्बना यह है कि प्रिय का रूप जिन नेत्रों के माध्यम से प्रेमी के हृदय में आया, वे नेत्र अब प्रिय के वियोग में जल रहे हैं। और प्रिय से मिलने पर भी उसे संयोग का सुख नहीं प्राप्त होता क्योंकि प्रिय के समक्ष उसका अपना अलग अस्तित्व ही नहीं बचता। यही घनानन्द के प्रेम की पराकाष्ठा है।

कवित्त

घनआनंद जीवनमूल सुजान की कौंधन हूँ न कहूँ दरसैं।
सुन जानियै धौं कित छाय रहे दृग-चातिग-प्रान तपें तरसैं।
बिन पावस तौ इन थ्यावस हो न सु क्यौं करि ये अब सो परसैं।
बदरा बरसैं रितु मैं घिरि कै नित ही अँखियाँ उघरी बरसैं ॥

हीन भएँ जल मीन अधीन, कहा कछु मो अकुलानि समानै।
नीरसनेही कों लाय कलंक निरास है कायर त्यागत प्रानै।
प्रीति की रीति सु क्यों समुझै जड़, मीत के पानि परै कों प्रमानै।
या मन की जु दसा, घनआनन्द जीव की जीवनि जान ही जानै ॥

अति सूधो सनेह को मारग है जहाँ नेकु सयानप बाँक नहीं।
तहाँ साँचे चलें तजि आपुनपौ झझकैं कपटी जे निसांक नहीं।
घनआनन्द प्यारे सुजान सुनो इत एक तें दूसरो आँक नहीं।
तुम कौन धौं पाटी पढ़े हो लला मन लेहु पै देहु छटाँक नहीं ॥

प्यारे सुजान को प्रान-पियारो बस्यौ जब कान संदेसो सुहायौ।
कोटि सुधा हू के सार कों सोधि कै पान किये तें महासुख पायौ।
जीव-जियावन ताप-सिरावन है, रसमैं घनआनन्द छायौ।
ये गुनि क्यों न रचै सजनी उनि रंग-रचे अधरानि रचायौ।

रूप की उलझि आछे आनन पै नई नई,
तैसी तरुनई तेह-ओपी अरुनई है।

उलटि अनंग रंग की तरंग अंग अंग,
भूषन-बसन भरि आभा फैलि गई है।
महारस-भीर परे लोचन अधीर तरे,
आछी ओक धरैं प्यास-पीर सरसई है।
कैसे घनआनन्द सुजान प्यारी छबि कहौं,
दीठि तो चकित औ' थकित मति भई है ॥

अंग अंग आभा-संग द्रवित स्रवित ह्वै कै
रचि सचि लीनी सौंज रंगनि घनेरे की।
हंसनि लसनि आछी बोलनि चितौनि चाल,
मूरति रसाल रोम-रोम-छबि हेरे की।
लिखि राख्यौ चित्र यों प्रवाहरूपी नैनन पै
लही न परति गति ऊलट अनेरे की।
रूप को चरित्र है अनंदघन जान प्यारी
ऐं किधौं विचित्रताई मो चित चितेरे की ॥

जिन आँखिन रूप-चिन्हारि भई तिन की नित नींद ही जागनि है।
हित-पीर सों पूरित जो हियरा, फिर ताहि कहौ कहा लागनि है।
घनआनन्द प्यारे सुजान सुनौ जियराहि सदा दुख-दागनि है।
सुखमैं मुखचन्द बिना निरखैं नख तें सिख लौं विष-पागनि है ॥

आँखैं रूप-रस चाखैं, चाहैं उर सचि राखैं,
लोभ-लागी लाखैं अभिलाखैं निबरैं नहीं।
तोहि जैसी भाँति लसै, बरनिबो मन बसै,
बानी गुन गसै, मति-गति बिथकै नहीं।
जान प्यारी सुधि हूँ अपुनपौ बिसरि जाय,
माधुरी-निधान तेरी नैसिक मुहाचहीं।
क्यौं करि अनंदघन लहियै संजोग-सुख,
लालसानि भीजि रीझि बातैं न परैं कहीं ॥

शब्दार्थ

चातिग = चातक; थ्यावस = स्थिरता, धैर्य; उघरी = उजड़ी हुई; सयानप = चतुराई; बाँक = टेढ़ापन; आपुनपौ = अहंकार; आँक-अंक; मन = (i) चालीस सेर (ii) हृदय सोधि कै = शोध करके; ताप-सिरावन = ताप या कष्ट का शमन करनेवाला; तेह-ओपी = तीखापन; ओक = अंजलि; सौंज = सामग्री; अनेरे = अनोखे; चिन्हारि = परिचय; विष-पागनि = विष में पगा हुआ; निबरै नहीं = दूर नहीं होती; बिथकै तहीं = वहीं जाकर थक जाती है; नैसिक = किंचित्

आशय स्पष्ट कीजिए :

1. बदरा बरसैं रितु मैं घिरि कै नित ही अँखियाँ उघरी बरसैं ॥
2. नीरसनेही कों लाय कलंक निरास ह्वै कायर त्यागत प्रानै।
3. अति सूधो सनेह को मारग है जहाँ नेकु सयानप बाँक नहीं।
4. जिन आँखिन रूप-चिन्हारि भई तिन की नित नींद ही जागनि है।

लघुत्तरीय प्रश्न

1. कवि ने चातक किसे और क्यों कहा है?
2. कवि के अनुसार सच्चे प्रेम की कसौटी क्या है?
3. स्नेह का मार्ग कवि की दृष्टि में किस प्रकार का है?
4. नायिका विरह की स्थिति में भी किस बात पर प्रसन्न है? और क्यों?
5. 'कोटि-सुधा' से क्या तात्पर्य है?
6. कवि ने नायिका के सौन्दर्य का वर्णन करने के लिए किन-किन उपादानों का आश्रय लिया है?
7. 'नींद ही जागनि है'–इस पंक्ति में निहित विरोधाभास को स्पष्ट कीजिए।
8. नायक की बुद्धि और वाणी दोनों की स्थिति सामान्य नहीं है–यह बात पद के किस अंश से ज्ञात होती है।

विवेचनात्मक प्रश्न

1. घनानन्द के काव्य में जिस प्रकार का प्रेम व्याप्त है, क्या वर्तमान समय में आप उसमें कोई परिवर्तन पाते हैं? तर्कयुक्त उत्तर दीजिए।
2. कवि ने नायिका के सौन्दर्य-वर्णन के लिए जिन उपादानों का सहारा लिया है, वे सामान्य चित्रकार के उपादानों से किस प्रकार भिन्न हैं?
3. घनानन्द के काव्य में व्याप्त प्रेम अन्य रीतिकालीन कवियों से किस प्रकार भिन्न है? घनानन्द के प्रेम की विशिष्टता पर विचार कीजिए।
4. घनानन्द के काव्य में उत्सव के उल्लास का चित्रण हुआ है। कुछ उदाहरणों द्वारा सिद्ध कीजिए।
5. घनानन्द के काव्य-कौशल पर विचार कीजिए।

रामनरेश त्रिपाठी

रामनरेश त्रिपाठी का जन्म सन् 1889 को सिंगरामऊ के कोइरी ग्राम के ब्राह्मण परिवार में हुआ था। उनका पारिवारिक जीवन अभावग्रस्त था।

साहित्य और साहित्यकार को युग और उसका परिवेश प्रभावित करता है और उसकी साहित्यिक कृतियाँ युग को स्पर्श ही नहीं करतीं वरन् उसकी दशा और दिशा को बदलने की क्षमता भी रखती हैं। सन् 1857 की क्रान्ति के बाद देश विद्रोह और संघर्ष के मार्ग पर चल रहा था, अंग्रेजी सत्ता दमन-चक्र चला रही थी। गुलामी में जकड़ा समाज अनेक कुरीतियों—बाल-विवाह, दहेज, सती-प्रथा तथा धार्मिक कर्मकाण्डों में फँस चुका था। अंग्रेजी का बोलबाला था, साथ ही काव्य के स्तर पर खड़ी बोली की स्थापना का प्रयत्न हो रहा था। द्विवेदी युगीन काव्य आदर्श, नीति और उपदेश पर आधारित था, साथ ही कुछ कवियों के स्वर में स्वच्छन्दतावाद का भी स्वर मिल रहा था। रामनरेश त्रिपाठी उन्हीं कवियों में से एक थे।

बहुमुखी प्रतिभा के धनी त्रिपाठी जी ने नाटक, कहानी, उपन्यास, आलोचना और बाल-साहित्य आदि अनेक विधाओं पर अपनी लेखनी चलाई।

काव्य : मिलन, पथिक, स्वप्न, मानसी।

उपन्यास : लक्ष्मी सुभद्रा।

कहानी संग्रह : आँखों देखी कहानियाँ।

जीवनी : मालवीय जी के साथ तीस दिन।

त्रिपाठी जी के काव्य में युग की माँग के अनुसार देश भक्ति के साथ-साथ जन चेतना जगाने, क्रान्तिकारियों का उत्साह-वर्धन करने के भाव और शासक वर्ग की आलोचना उपलब्ध है। देश की दुर्दशा और उससे मुक्ति का प्रयास भी है। उस समय देश में छुआछूत, अनमेल विवाह, दहेज-प्रथा के साथ कृषकों का शोषण पराकाष्ठा पर था। त्रिपाठी जी इन सभी

समस्याओं पर अपने साहित्य के माध्यम से आवाज उठा रहे थे।

त्रिपाठी जी के काव्य में प्रेम को उदात्त और जीवन को उत्कर्ष पर पहुँचाने वाली शक्ति के रूप में चित्रित किया गया है। इनके काव्य में प्रेम अन्त में त्याग और आत्मोत्सर्ग का मार्ग चुनता है, व्यक्ति से आगे बढ़कर समाज और देश के विकास के लिए समर्पित होता है।

प्रकृति, त्रिपाठी जी के काव्य में अनेक रूपों में उपस्थित है—कहीं वह आलम्बन रूप में है, कहीं उद्दीपन रूप में, कहीं संवेदनात्मक रूप और कहीं प्रतीकात्मक रूप में। 'पथिक' में सागर की अपार जलराशि है, 'स्वप्न' में हिमाच्छादित पर्वत शिखर और घाटियाँ हैं।

गाँवों से सम्बद्धता के कारण विभिन्न संस्कारों एवं अवसरों का चित्रण लोकगीत शैली में किया है।

त्रिपाठी जी की भाषा सहज, सरल, व्यावहारिक एवं लोकजीवन के तत्त्वों से सम्पृक्त है। उसमें उर्दू, देशज एवं आंचलिक शब्दों का भी प्रयोग हुआ है। आपकी भाषा भावों के अनुकूल आकार ग्रहण कर लेती है। कहीं देशभक्ति के कारण ओज गुण सम्पन्न है, कहीं लोकगीतों में धरती की गन्ध समेटे है।

कवि ने अभिधा के द्वारा अपनी बात कहने में सुविधा अनुभव की है। लोकोक्ति और मुहावरों से अपने विचार को प्रभावशाली रूप दिया है। अलंकारों में अनुप्रास एवं सादृश्य मूलक अलंकारों का स्वाभाविक प्रयोग है। छन्दों में संगीतात्मकता पर विशेष बल है।

त्रिपाठी जी का काव्य संघर्षपूर्ण परिस्थितियों में व्यक्ति के भीतर विरोध एवं विद्रोह की शक्ति जगाने में समर्थ है, साथ ही देश-प्रेम, देश-भक्ति, स्वतन्त्रता, मानव-प्रेम, करुणा एवं मानवता के उच्च आदर्शों की भी स्थापना करता है।

प्रतिपाद्य

'पथिक' खण्ड-काव्य का प्रस्तुत अंश दूसरे सर्ग से लिया गया है। कथा के प्रारम्भ में कथानायक प्रकृति के सौन्दर्य में खोया है। उसकी विरहिणी पत्नी उसे लौटा ले जाने के लिए आती है, किन्तु वह जीवन-संघर्षों से घबराकर पलायन में ही त्राण ढूँढ़ता है।

दूसरे सर्ग में उसकी भेंट एक साधु से होती है जो उसकी परास्त एवं पलायनवादी मनोवृत्ति को देश की दुर्दशा और जीवन दर्शन से परिचित करा कर उसे कर्तव्य-पथ पर अग्रसर होने के लिए प्रेरित करते हैं। वे बताते हैं कि इस विश्व में कुछ भी निरुद्देश्य नहीं है, जिस प्रकृति की सुषमा में तुम जड़ और कर्तव्यहीन बन रहे हो, क्या उसी प्रकृति के उपादानों को अपने कर्तव्यों से मुँह मोड़ते देखा है? जड़ चेतन सभी अपने कर्म में निरत हैं, छोटा-सा पत्ता धरती पर छाया करता है, समुद्र मेघ का निर्माण कर धरती को जल देता है, सूर्य ताप देता है जिससे धरती पर जीवन चलता है। जब प्रकृति के सभी व्यापार नियमपूर्वक चल रहे हैं तो बल-बुद्धि-विवेक युक्त मानव कर्तव्यविमुख कैसे हो सकता है? जिस धरती पर तुमने जन्म लिया, उसकी दुर्दशा तुम्हें उद्वेलित नहीं करती? जिन्होंने तुम्हें उँगली पकड़कर चलना सिखाया, भाषा ज्ञान दिया, तुम्हारी आवश्यकता की पूर्ति की, तुम्हें उनका ऋण नहीं चुकाना? नायक कर्तव्याभिमुख होकर राजा के अत्याचारों के विरुद्ध जनता के असहयोग को एक आन्दोलन का रूप दे देता है।

पथिक

मध्य निशा, निर्मल निरभ्र नभ, दिशा विराव-विहीना।
विलसित था अम्बर के उर पर अद्‌भुत एक नगीना।
उसकी विशद प्रभा सर, निर्झर, तृण लतिका, द्रुम-दल में।
करती थी विश्राम, परम अभिराम निशीथ-कमल में ॥1॥

या अनन्त के वातायन से स्वर्गिक विपुल विमलता।
झलक रही थी धरा-धाम को थी धो रही धवलता।
सुख की निद्रा में निमग्न था एक-एक तृण वन का।
था बस सुखद सुशीतल सन्-सन् मन्द प्रवाह पवन का ॥2॥

या निर्भय कर्त्तव्य-परायण वीर प्रभावित स्वर से।
सिन्धु-सन्तरी गरज रहा था अगणित ऊर्मि-अधर से।
चंचल वीचि मरीचि-वसन से सजकर नीले तन को।
होड़-लगी-सी उछल रही थीं चारु चन्द्र चुम्बन को ॥3॥

बैठ जलधि तीरस्थ शिला पर पथिक प्रेम व्रत-धारी।
देख रहा था छटा चन्द्र की चित्त-विमोहनहारी।
उसी समय अतिमधुर पद-ध्वनि बहुत समीप किसी की।
सुनकर पथिक प्रतीक्षक की द्रुत कली खिल उठी जी की ॥4॥

कुश-मेखला विशुद्ध अजिन कौपीन कसे कृश कटि से।
आये वहाँ तपोधन सत्तम एक साधु मृदु गति से।
भस्मावृत निर्धूम अग्नि-सा श्मश्रु-युक्त मुख उनका।
द्योतक था महान् महिमामय तप, विराग; सद्‌गुन का ॥5॥

या मुख के सब ओर झलकती विशद प्रभा थी उर की।
या सद्वृत्ति-प्रभाव से मिटी थी श्यामता चिकुर की।
मुनि को देख प्रणाम किया फिर परम प्रफुल्लित मन से।
कहा पथिक ने—धन्य हुआ मैं आज पुण्य-दर्शन से ॥6॥

इस नीरव, निस्तब्ध निशा में, छाया में हिमकर की।
छटा देखता हुआ चन्द्रिका-सिक्त नील सागर की।
उर में धर तब दर्शन की उत्सुकतामय अभिलाषा।
बैठा हूँ, अब हुई फलवती आतुर आकुल आशा ॥7॥

प्रकृति-प्रसन्न साधु ने हँसकर कहा—पुत्र हे प्यारे!
बड़े मधुर हैं प्रेम-सद्म से निकले वाक्य तुम्हारे।
सुखी रहो, निःस्वार्थ प्रेम की जग में ज्योति जगाओ।
भ्रम में भूले-भटके भव को सुख की राह लगाओ ॥8॥

प्रातःकाल सिन्धु में जाग्रत थीं जब तुंग तरंगें।
सत्पुरुषों में यथा लोक-सेवा की उच्च उमंगें।
सैकत-तट पर मुग्ध खड़े तुम शोभा देख प्रकृति की।
जाग्रत थे जब दिव्य दशा में अखिल विश्व विस्मृति की ॥9॥

कुछ दूरी पर मैं भी सुनता था प्रभात की बानी।
वहीं तुम्हारे उच्च हृदय की मैंने महिमा जानी।
मैंने सुना विवाद तुम्हारा गृहिणी के सँग सारा।
देखा वर्ण-वर्ण में चित्रित हृदय विशाल तुम्हारा ॥10॥

जब तुम चले हरित पथ पर उस कुसुमित सुरभित वन में।
तुमसे कुछ बातें करने की इच्छा उपजी मन में।
जल्दी चल तुमसे मिल मैंने निश्चय किया समय का।
बहुत दिनों पर मिला आज यह अवसर सुख-संचय का ॥11॥

कष्ट दिया मैंने जो तुमको उसे न मन में लाना।
आओ, बैठो, सुनो तुम्हें है कुछ रहस्य बतलाना।
एक शिला पर बैठ गए मुनि परम विरक्त विरागी।
बैठ गया सामने पथिक भी अनुरागी गृह-त्यागी ॥12॥

सुनने को अति नम्र-भाव से स्थिर हो उत्सुक मन से।
पथिक देखने लगा साधु को श्रद्धा-सिक्त नयन से।
बोले मुनि—हे पुत्र! जगत् को तुमने त्याग दिया है।
प्रेम स्वाद चख, मोहित हो, वन में विश्राम लिया है ॥13॥

मृगमाला-विहरित कल कोकिल-कूजित कुसुमित वन को।
ललित लहलही लता-लसित अलि-मुखरित कुंज-भवन को।
तृण-संकुलित हरित वसुमति गिरि लहर उदधि नभ घन को।
देख हुआ कौतूहल अति आश्चर्य तुम्हारे मन को ॥14॥

देख जिन्हें निस्पन्द हुए हो त्याग कर्म-संगर को।
हुए तुम्हारे लिए कभी स्थिर वे भी क्या पलभर को?
अपनी अद्भुत शक्ति भूल अज्ञानी-सा वन-वन में।
फिरते हो तुम चकित विमोहित प्रकृति-रूप-दर्शन में ॥15॥

जग में सचर-अचर जितने हैं सारे कर्म-निरत हैं।
धुन है एक न एक सभी को सबके निश्चित व्रत हैं।
जीवन भर आतप सह वसुधा पर छाया करता है।
तुच्छ पत्र की भी स्वकर्म में कैसी तत्परता है ॥16॥

सिन्धु-विहंग तरंग-पंख को फड़काकर प्रति क्षण में।
है निमग्न नित भूमि-अण्ड के सेवन में रक्षण में।
कोमल मलय-पवन घर-घर में सुरभि बाँट आता है।
शस्य सींचने घन जीवन धारणकर नित जाता है ॥17॥

रवि जग में शोभा सरसाता सोम सुधा बरसाता।
सब हैं लगे कर्म में कोई निष्क्रिय दृष्टि न आता।
है उद्देश्य नितान्त तुच्छ तृण के भी लघु जीवन का।
उसी पूर्ति में वह करता है अन्त कर्ममय तन का ॥18॥

तुम मनुष्य हो, अमित बुद्धि-बल विलसित जन्म तुम्हारा।
क्या उद्देश्य-रहित है जग में तुमने कभी विचारा?
बुरा न मानो, एक बार सोचो तुम अपने मन में।
क्या कर्त्तव्य समाप्त कर लिये तुमने निज जीवन में? ॥19॥

जिस पर गिरकर उदर-दरी से तुमने जन्म लिया है।
जिसका खाकर अन्न सुधा-सम नीर समीर पिया है।
जिस पर खड़े हुए, खेले, घर बना बसे, सुख पाए।
जिसका रूप विलोक तुम्हारे दृग, मन, प्राण जुड़ाए ॥20॥

वह सनेह की मूर्ति दयामयि माता-तुल्य मही है।
उसके प्रति कर्त्तव्य तुम्हारा क्या कुछ शेष नहीं है?
हाथ पकड़कर प्रथम जिन्होंने चलना तुम्हें सिखाया।
भाषा सिखा हृदय का अद्‌भुत रूप स्वरूप दिखाया ॥21॥

जिनकी कठिन कमाई का फल खाकर बड़े हुए हो।
दीर्घ देह ले बाधाओं में निर्भय खड़े हुए हो।
जिनके पैदा किए, बुने वस्त्रों से देह ढके हो।
आतप-वर्षा-शीत-काल में पीड़ित हो न सके हो ॥22॥

शब्दार्थ

द्रुत = शीघ्र; निर्धूम = धुआँ रहित; श्मश्रु = पसीना; तुंग = ऊँचा; आतप

= धूप; विहंग = पक्षी; भही = पृथ्वी

आशय स्पष्ट कीजिए :

1. विलसित था अम्बर के उर पर अद्‌भुत एक नगीना।
2. देख जिन्हें निस्पन्द हुए हो त्याग कर्म-संगर को।
   हुए तुम्हारे लिए कभी स्थिर वे भी क्या पलभर को?
3. जग में सचर-अचर जितने हैं सारे कर्म-निरत हैं।
4. क्या उद्देश्य-रहित है जग में तुमने कभी विचारा?

लघूत्तरीय प्रश्न प्रश्न

1. प्रकृति की रमणीय छटा का पथिक पर क्या प्रभाव पड़ा?
2. ईश्वर ने. अमानत के रूप में मनुष्य को क्या दिया है?
3. कर्म का जीवन में क्या महत्त्व है?
4. दुःख के बाद मनुष्य सुख कैसे प्राप्त करता है?
5. मनुष्य मानव-समाज की सेवा किस प्रकार कर सकता है?
6. 'पथिक' में चन्द्रमा के सौन्दर्य की तुलना किस वस्तु से की गई है?
7. रात्रि में समुद्र का गर्जन कैसा प्रतीत हो रहा था?

विवेचनात्मक प्रश्न

1. साधु 'पथिक' की परास्त मनोवृत्ति को बदलकर कर्तव्य–पथ पर अग्रसर होने के लिए किस प्रकार प्रेरित करते हैं?
2. प्रकृति मनुष्य को प्रेरित करती है–स्पष्ट कीजिए।
3. 'पथिक' के चरित्र पर प्रकाश डालिए।
4. 'इस विश्व में कुछ भी निरुद्देश्य नहीं है।' इस कथन की समीक्षा कीजिए।
5. कर्म ही मनुष्य जीवन का सार किस प्रकार है?
6. 'पथिक' काव्य के प्रकृति-चित्रण पर प्रकाश डालिए।

जयशंकर प्रसाद

छायावाद के प्रवर्तक श्री जयशंकर प्रसाद का जन्म सन् 1889 में काशी के वैश्य परिवार में हुआ। प्रसाद का साहित्य क्षेत्र में पदार्पण उस समय हुआ जब स्वतन्त्रता-संग्राम का जुनून छाया था। लोग विदेशी सत्ता को उखाड़ फेंकने की राह खोज रहे थे। नैतिक मूल्यों की पुनर्स्थापना और अपने स्वर्णिम अतीत के प्रति आकर्षण जाग रहा था। प्रसाद जी ने ऐसे राजनीतिक वातावरण में अपनी साहित्यिक कृतियों के माध्यम से भारत के स्वर्णिम अतीत के प्रति विश्वास और गौरव का भाव उत्पन्न किया। अतीत का गौरवपूर्ण पुनःआख्यान और नवीन मानवीय मूल्यों की स्थापना प्रसाद के साहित्य का प्रमुख स्वर है।

प्रसाद जी ने साहित्य की अनेक विधाओं में अपनी उत्कृष्ट रचनाएँ दीं। उन्होंने काव्य, नाटक, उपन्यास, कहानी, निबन्ध सभी विधाओं पर समान अधिकार से लेखनी चलाई।

काव्य रचनाएँ : चित्राधार, प्रेम पथिक, करुणालय, महाराणा का महत्त्व, कानन कुसुम, झरना, आँसू, लहर तथा कामायनी आदि।

नाटक : अजातशत्रु, जनमेजय का नागयज्ञ, स्कन्दगुप्त, चन्द्रगुप्त, ध्रुवस्वामिनी आदि।

उपन्यास : कंकाल, तितली और इरावती (अपूर्ण)।

कहानी संग्रह : छाया, प्रतिध्वनि, आकाशदीप, आँधी, इन्द्रजाल।

निबन्ध : काव्य और कला तथा अन्य निबन्ध।

प्रसाद जी के साहित्य में व्यक्त राष्ट्रीयता एवं देश-प्रेम की भावना पौराणिक चरित्रों के माध्यम से देशवासियों में व्याप्त निराशा को आशा का सन्देश देती है। साथ ही अंग्रेजों के प्रति विरोध की शक्ति भी प्रदान करती है।

प्रसादजी छायावादी कवि हैं और प्रेम उनका प्रमुख स्वर है। प्रसाद जी के काव्य में प्रेम पावन और उदात्त धरातल पर प्रतिष्ठित है। संस्कारों से प्रभावित होने के कारण प्रसाद जी की कृतियों में वर्णित प्रेम एक महीन परदे में छिपा हुआ ही अभिव्यक्त हुआ है। आलम्बन के प्रति इनकी अनुभूति गहन आवेग से आपूरित होने पर भी अत्यन्त सूक्ष्म, आन्तरिक एवं उदात्त है।

कवि ने सौन्दर्य के स्थूल रूप की अपेक्षा सूक्ष्म रूप को काव्य का विषय बनाया है। मन की सूक्ष्म अनुभूतियों का चित्रण करने में कवि का मन रमा है।

कवि प्रकृति को जीवन्त मानकर उसी में अपने हर्ष-विषाद का प्रतिबिम्ब देखता है। प्रकृति के मूर्त उपादानों में मन के सूक्ष्म अमूर्त भावों का आरोपण प्रसाद जी ने अपने काव्य में किया है। काव्य में प्रकृति कहीं जीवन के रहस्यों की ओर संकेत करती है, कहीं उपमान एवं प्रतीक बन मन के भाव स्पष्ट करती है, और कहीं उसका मानवीकरण हो गया है।

प्रसाद के काव्य पर दर्शन और रहस्यवादी चेतना का गम्भीर प्रभाव है, परिणाम स्वरूप 'मैं मेरा' की संकुचित सीमा से मन को प्रसाद जी बाहर निकाल समष्टि के उदात्त धरातल पर स्थापित करते हैं। साथ ही मन की स्वाभाविक वृत्तियों का चित्रण कर जीवन को आनन्दमयी भावभूमि तक ले जाते हैं।

उनकी भाषा शुद्ध साहित्यिक खड़ी बोली है, जो उनके भावों के गुरुतर भार को वहन करने में समर्थ है। प्रारम्भ में भाषा का रूप सहज सरल है, धीरे-धीरे भावों की परिपक्वता के साथ गम्भीर और परिष्कृत होती गई है। चित्रात्मकता और ध्वन्यात्मकता प्रसाद जी की भाषा का विशेष गुण है।

प्रसाद ने प्रतीक और बिम्बयोजना का सार्थक प्रयोग किया है, इनके काव्य में अलंकारों का सुन्दर प्रयोग है। महाकाव्य, खंडकाव्य, मुक्तक काव्य-रूपों का प्रयोग है। परम्परागत एवं नवीन छन्दों का प्रयोग आपके काव्य में हुआ है।

प्रतिपाद्य

मधुप गुनगुना...लहर काव्य-संग्रह के प्रस्तुत गीत में वेदना से परिपूर्ण भग्न

हृदय का स्थायित्व दृष्टिगोचर हुआ है। भ्रमर की गुन-गुन चोट खाए भावुक प्रेमी का क्रन्दन है। जब दुःख-सुख, धूप-छाँव अर्थात् 'परिवर्तन' कठोर शाश्वत नियम है तो कवि से उसका विगत, उसकी भूलें, उसकी चोटें सुनने का आग्रह क्यों? अभी यह विश्व दूसरों की पीड़ा में समभागी होने के लिए तैयार नहीं है। अभी वह दूसरों के दुःख में सुख अनुभव करता है, क्रूरता की सीमा तक उपहास भी कर सकता है। कवि के जीवन में भी सुख और प्रेम के क्षण आए थे, फिर विश्वासघात हुआ। कवि ने अपने छोटे से जीवन की सीमाहीन पीड़ा को हृदय की अतल गहराइयों में छुपा लिया है। उसमें उस दुःख, विश्वासघात की बात को सुनाने का साहस नहीं है और संसार भी दूसरे के दुःख में पीड़ा अनुभव करने योग्य नहीं हुआ है। इसी से कवि मूक रहना ही श्रेयस्कर समझता है।

हिमाद्रि तुंग...प्रस्तुत गीत प्रसादजी की नाट्य कृति चन्द्रगुप्त में देश-भक्त अलका द्वारा गाया गया है। यह सैनिकों के युद्ध के लिए प्रस्थान करते समय उनमें वीरता और उत्साह का संचार करने के लिए गाया गया सर्वोत्कृष्ट उद्बोधन गीत है।

अलका युवकों को प्रेरित करती हुई कहती है—हिमालय के ऊँचे शिखरों से स्वतन्त्रता तुम्हारा आवाह्न कर रही है, तुम वीर, साहसी, दृढ़-प्रतिज्ञ सैनिक हो। तुम्हारे मार्ग में यश की अनेकानेक रश्मियाँ विकीर्ण हो रही हैं। तुम शत्रु-सागर के सीमाहीन विस्तार में अग्नि के समान जल उठो। तुम निःसन्देह वीर हो, विजयी भी बनो। यह गीत उस युग के युवा वर्ग को देश पर प्राणों को उत्सर्ग कर देने की प्रेरणा प्रदान करता है।

मधुप गुनगुना कर कह जाता...

मधुप गुनगुना कर कह जाता कौन कहानी यह अपनी,
मुरझाकर गिर रहीं पत्तियाँ देखो कितनी आज घनी।
इस गम्भीर अनन्त नीलिमा में असंख्य जीवन-इतिहास—
यह लो, करते ही रहते हैं अपना व्यंग्य-मलिन उपहास।
तब भी कहते हो—कह डालूँ दुर्बलता अपनी बीती।
तुम सुनकर सुख पाओगे, देखोगे—यह गागर रीती।
किन्तु कहीं ऐसा न हो कि तुम ही खाली करने वाले—
अपने को समझो, मेरा रस ले अपनी भरने वाले।
यह विडम्बना! अरी सरलते तेरी हँसी उड़ाऊँ मैं।
भूलें अपनी, या प्रवंचना औरों की दिखलाऊँ मैं।
उज्ज्वल गाथा कैसे गाऊँ मधुर चाँदनी रातों की।
अरे खिलखिला कर हँसते होने वाली उन बातों की।
मिला कहाँ वह सुख जिसका मैं स्वप्न देखकर जाग गया?
आलिंगन में आते-आते मुस्क्या कर जो भाग गया।
जिसके अरुण-कपोलों की मतवाली सुन्दर छाया में
अनुरागिनी उषा लेती थी निज सुहाग मधुमाया में।
उसकी स्मृति पाथेय बनी है थके पथिक की पन्था की।
सीवन को उधेड़ कर देखोगे क्यों मेरी कन्था की?
छोटे-से जीवन की कैसे बड़ी कथाएँ आज कहूँ?
क्या यह अच्छा नहीं कि औरों की सुनता मैं मौन रहूँ?

सुनकर क्या तुम भला करोगे—मेरी भोली आत्म-कथा?
अभी समय भी नहीं—थकी सोई है मेरी मौन व्यथा।

(लहर से)

शब्दार्थ

उपहास = हँसी; प्रवंचना = धोखा; अरुण = लाल; पाथेय = यात्रा में साथ ले जाया जाने वाला सूक्ष्म भोजन; कन्था = कथरी

हिमाद्रि तुंग शृंग से...

हिमाद्रि तुंग शृंग से
प्रबुद्ध शुद्ध भारती–
स्वयंप्रभा समुज्ज्वला
स्वतन्त्रता पुकारती–

अमर्त्य वीरपुत्र हो, दृढ़-प्रतिज्ञ सोच लो
प्रशस्त पुण्य पंथ है–बढ़े चलो, बढ़े चलो ॥

असंख्य कीर्ति-रश्मियाँ,
विकीर्ण दिव्य दाह-सी।
सपूत मातृभूमि के–
रुको न शूर साहसी।

अराति सैन्य सिन्धु में–सुवाडवाग्नि से जलो,
प्रवीर हो जयी बनो–बढ़े चलो बढ़े चलो।

(चन्द्रगुप्त से)

शब्दार्थ

तुंग = ऊँचा, शृंग = शिखर, अमर्त्य = अमर; कीर्ति = यश; अराति = शत्रु; सुवाऽवाग्नि = जल की अग्नि

आशय स्पष्ट कीजिए :

1. मुरझाकर गिर रहीं पत्तियाँ देखो कितनी आज घनी।
2. भूलें अपनी, या प्रवंचना औरों की दिखलाऊँ मैं।
3. उसकी स्मृति पाथेय बनी है थके पथिक की पन्था की।

4. अमर्त्य वीरपुत्र हो, दृढ़-प्रतिज्ञ सोच लो
5. प्रवीर हो जयी बनो—बढ़े चलो बढ़े चलो।

लघूत्तरीय प्रश्न

(क) 'मधुप गुनगुना कर'...

1. भग्न हृदय प्रेमी की तुलना किससे की गई है?
2. कवि ने अपनी पीड़ा को कहाँ छिपा लिया है?
3. कवि अपनी पीड़ा को किस भय के कारण अभिव्यक्त नहीं करना चाहता?
4. 'पाथेय' से क्या तात्पर्य है?

(ख) 'हिमाद्रि तुंग शृंग से'...

5. 'हिमाद्रि तुंग शृंग' नामक गीत किस पात्र द्वारा और किस अवसर पर गाया गया है?
6. 'हिमाद्रि तुंग शृंग से' का युवकों पर क्या प्रभाव पड़ा?
7. हिमालय के ऊँचे शिखर से कौन आह्वान कर रहा है?

विवेचनात्मक प्रश्न

1. 'मधुप गुनगुना' का मूल स्वर स्पष्ट कीजिए।
2. कवि ने विश्व की निष्ठुरता को किस रूप में चित्रित किया है?
3. कवि अपनी पीड़ा को सार्वजनिक क्यों नहीं करना चाहता है?
4. 'गागर रीती' के माध्यम से कवि क्या कहना चाहता है?
5. 'सीवन को उधेड़ कर' का भाव स्पष्ट कीजिए?
6. 'हिमाद्रि तुंगशृंग से' कविता के माध्यम से कवि क्या सन्देश देना चाहते हैं।
7. युगीन सन्दर्भों में 'हिमाद्रि तुंग शृंग' कविता के महत्त्व पर प्रकाश डालिए।

सुभद्रा कुमारी चौहान

16 अगस्त सन् 1904 को इलाहाबाद के निकट निहालपुर के राजपूत परिवार में सुभद्रा कुमारी का जन्म हुआ था। उस समय जागरण की हवा स्त्री-पुरुष सभी को उद्वेलित कर रही थी। भारत के इतिहास में वह समय जन-जागृति, देशप्रेम, देशभक्ति, विदेशी शासन के प्रति आक्रोश और असन्तोष का था, साथ ही अनेक प्रकार की कुरीतियाँ भी समाज को जर्जर कर रही थीं। समाज की इन कुरीतियों को दूर करने में नारी और वह भी शिक्षित नारी अपना सहयोग दे सकती है, ऐसी सोच लोगों की बन रही थी। लड़कियों को शिक्षित किया जा रहा था। सुभद्रा कुमारी चौहान की शिक्षा-दीक्षा के साथ-साथ उनकी कविताएँ भी पत्र-पत्रिकाओं में छपने लगी थीं। उनका व्यक्तित्व बहुआयामी था। वे एक साथ पत्नी, माँ, समाज-सुधारक, लेखिका, सक्रिय राजनीतिक कार्यकर्त्री और विद्रोही स्वर वाली सत्याग्रही भी थीं।

इनके दो काव्य-संग्रह 'त्रिधारा' एवं 'मुकुल' और तीन कहानी-संग्रह 'उन्मादिनी', 'बिखरे मोती', 'सीधे-सादे चित्र' उपलब्ध हैं।

आपकी कविताओं का प्रमुख स्वर देशभक्ति है। जलियांवाला बाग हत्याकांड हो चुका था। आप इस घटना से उद्वेलित होकर अपने काव्य के द्वारा लोकमानस को झकझोरने का प्रयास कर रही थीं। 'झाँसी की रानी' नामक कविता में अपनी ओजस्वी वाणी के द्वारा देश की शिराओं में नया उत्साह, शौर्य, त्याग और आत्मोत्सर्ग के भाव जाग्रत कर रही थीं। सुभद्रा जी का स्वयं का जीवन देश की स्वतन्त्रता प्राप्ति को समर्पित था, इसी से लक्ष्मीबाई के शौर्य और बलिदान की गाथा को वे इतनी सरलता, सहजता एवं ओजपूर्ण ढंग से लिख सकी थीं।

उनका जीवन सम्पूर्ण और परितृप्त था, इसी से स्त्री और उसका परिवार उनके काव्य में समग्रता से रूपायित हुआ है। आपके काव्य में पत्नी का

प्रणय है, रोष है, मनुहार है, आवेग है, साथ ही माँ का वात्सल्य भी है। कवयित्री ने जीवन और परिवार के सघन क्षणों के सुख-दुख को छोटे-छोटे वाक्यों में पिरोकर कविता का रूप दे दिया है।

प्रकृति को भी आपके काव्य में स्थान मिला है—ऊँचा हिमालय, पीली सरसों और वसन्त उनके काव्य में सहज रूप में उपस्थित है। प्रकृति कहीं-कहीं मनुष्य के मन के सोये भाव जगाने का कार्य करती प्रतीत होती है।

सुभद्रा जी जीवन को पूरी सम्पूर्णता के साथ जीती हुई कविता लिखती थीं। इसी से कविताएँ बिना प्रयास कागज पर उतरी हैं। इनकी कविताएँ जीवन की सीधी-सादी अभिव्यक्तियाँ हैं। प्रतिदिन के मन के भाव ही कविता रूप में ढल गए हैं, इसी से भाषा भी रोज की काम-काज की बोलचाल की भाषा है। भाषा का यह रूप इनकी अभिव्यक्ति को सशक्त बनाता है। भाषा की सादगी, अर्थ गाम्भीर्य से परिपूर्ण है। सुभद्रा जी की कलम से निकलकर पारिवारिक चित्रों की भाषा मधुर, कोमल और देशभक्ति की कविता की भाषा ओजपूर्ण हो गई है।

अलंकारों का प्रयोग चमत्कृत करने के लिए न होकर प्रभाव उत्पन्न करने के लिए हुआ है। उनकी कुछ कविताएँ लोकगीतों की मिठास अपने में समेटे हैं। उन्होंने लक्ष्मीबाई के उत्सर्ग को ओज और संगीत की लय से सजा कर जन-जन के होठों तक आधुनिक आल्हा बनाकर स्थापित कर दिया है। सहज़ भाषा-प्रवाह के कारण हर हिंदी जाननेवाले को इसकी कुछ पंक्तियाँ अवश्य कंठस्थ होंगी।

सुभद्रा जी की देश पर प्राणों को उत्सर्ग करने की प्रेरणा देने वाली कविताएँ, नारी जीवन, परिवार तथा बच्चों की बाल सुलभ चेष्टाओं के छोटे-छोटे चित्र हिंदी साहित्य की अमूल्य निधि हैं।

प्रतिपाद्य

ठुकरा दो या प्यार करो

कवयित्री द्वारा अपने आराध्य के सम्मुख अहंकार मुक्त होकर स्वयं को नगण्य एवं अकिंचन मानते हुए आराधना में स्वयं अपने को ही समर्पित करने का भाव प्रदर्शित है। कवयित्री के अनुसार धन और वैभव सम्पन्न भक्त बहुमूल्य

भेंट ईश्वर के चरणों पर समर्पित करते हैं, किन्तु कवयित्री तो सामान्य सी पूजा की सामग्री धूप-दीप-फूल-माला कुछ भी न ला सकी, उसके स्वर में राग रागनियाँ भी नहीं हैं। पूजा की आडम्बर युक्त विधि भी वे नहीं जानतीं। अभिप्राय यह है कि प्रिय की साधना में अहंकार का विगलन और लघुता भाव ही पर्याप्त है, प्रेम और भक्ति की ऐसी अनन्यता से लघुता को स्वयं ही गुरुत्व प्राप्त हो जाता है। इस कविता में कबीर का सम्पूर्ण समर्पण 'तेरा तुझको सौंपने' का भाव स्पष्ट है।

मेरा जीवन

'मेरा जीवन' कविता में कवयित्री का जीवन के प्रति सकारात्मक दृष्टिकोण स्पष्ट होता है। जीवन में हँसकर, रोनेवाली बातों और घटनाओं को झेला जा सकता है। जीवन केवल निस्सार ही नहीं, रसों से परिपूर्ण भी है, जीवन अवश्य बीत रहा है पर शेष भी तो है, दर्द है पर उनके साथ-साथ उत्साह, उमंग, उल्लास और विजय भी है। जीवन की हार को प्रेम और विश्वास के द्वारा विजय में परिवर्तित किया जा सकता है।

ठुकरा दो या प्यार करो

देव! तुम्हारे कई उपासक
कई ढंग से आते हैं।
सेवा में बहुमूल्य भेंट वे
कई रंग की लाते हैं ॥

धूमधाम से, साजबाज से
वे मन्दिर में आते हैं।
मुक्ता-मणि बहुमूल्य वस्तुएँ
लाकर तुम्हें चढ़ाते हैं ॥

मैं ही हूँ गरीबिनी ऐसी
जो कुछ साथ नहीं लायी।
फिर भी साहस कर मन्दिर में
पूजा करने को आयी ॥

धूप-दीप-नैवेद्य नहीं है
झाँकी का शृंगार नहीं।
हाय! गले में पहनाने को
फूलों का भी हार नहीं ॥

कैसे करूँ कीर्तन,
मेरे स्वर में है माधुर्य नहीं।

मन का भाव प्रकट करने को
वाणी में चातुर्य नहीं ॥

नहीं दान है, नहीं दक्षिणा
खाली हाथ चली आयी।
पूजा की विधि नहीं जानती
फिर भी नाथ! चली आयी ॥

पूजा और पुजापा प्रभुवर!
इसी पुजारिन को समझो।
दान-दक्षिणा और निछावर
इसी भिखारिन को समझो ॥

मैं उन्मत्त प्रेम की लोभी
हृदय दिखाने आयी हूँ।
जो कुछ है, वह यही पास है,
इसे चढ़ाने आयी हूँ ॥

चरणों पर अर्पित है, इसको
चाहो तो स्वीकार करो।
यह तो वस्तु तुम्हारी ही है।
ठुकरा दो या प्यार करो ॥

शब्दार्थ

उपासक = उपासना करनेवाले; बहुमूल्य = क़ीमती; मुक्ता-मणि = मोती, मणि; माधुर्य = मधुरता; चातुर्य = चतुरता (सन्दर्भ = वाक कुशलता), पुजापा = पूजन विधि

मेरा जीवन

मैंने हँसना सीखा है
मैं नहीं जानती रोना।
बरसा करता पल-पल पर
मेरे जीवन में सोना।

मैं अब तक जान न पाई
कैसी होती है पीड़ा?
हँस-हँस जीवन में कैसे
करती है चिन्ता क्रीड़ा?

जग है असार सुनती हूँ
मुझको सुख-सार दिखाता।
मेरी आँखों के आगे
सुख का सागर लहराता।

कहते हैं होती जाती
खाली जीवन की प्याली।
पर मैं उसमें पाती हूँ
प्रतिपल मदिरा मतवाली।

उत्साह, उमंग निरन्तर
रहते मेरे जीवन में।

उल्लास विजय का हँसता
मेरे मतवाले मन में।

आशा आलोकित करती
मेरे जीवन के प्रतिक्षण।
हैं स्वर्ण-सूत्र से वलयित
मेरी असफलता के घन।

सुख भरे सुनहले बादल
रहते हैं मुझको घेरे।
विश्वास, प्रेम, साहस हैं
जीवन के साथी मेरे ॥

शब्दार्थ

पीड़ा = कष्ट; क्रीड़ा = खेल; असार = सार हीन; मदिरा = मधु, शराब; उल्लास = आह्लाद, खुशी; आलोकित = रोशन, वलयित = लिपटा हुआ; घन = बादल

आशय स्पष्ट कीजिए :

1. सेवा में बहुमूल्य भेंट वे
   कई रंग की लाते हैं ॥
2. पूजा की विधि नहीं जानती
   फिर भी नाथ! चली आयी ॥
3. यह तो वस्तु तुम्हारी ही है।
   ठुकरा दो या प्यार करो ॥
4. जग है असार सुनती हूँ
5. हैं स्वर्ण-सूत्र से वलयित
   मेरी असफलता के घन।

लघूत्तरीय प्रश्न

(क) 'ठुकरा दो या प्यार करो'

1. भक्त ईश्वर को क्या-क्या भेंट करता है?
2. कवयित्री ईश्वर को क्या भेंट करती है?
3. ईश्वर प्राप्ति के लिए साधक को बाह्य साधनों की अपेक्षा क्या अर्पित करना चाहिए?

(ख) 'मेरा जीवन'

4. 'मेरा जीवन' कविता में कवयित्री ने जीवन से क्या सीखा है?
5. जीवन असार न होकर कवयित्री के लिए कैसा है?
6. कवयित्री का जीवन के प्रति क्या भाव है?
7. कवयित्री का दृष्टिकोण नकारात्मक है अथवा सकारात्मक, स्पष्ट कीजिए।

विवेचनात्मक प्रश्न

1. कवयित्री 'ठुकरा दो या...' कविता में स्वयं को अकिंचन क्यों समझती हैं, विवेचना कीजिए।
2. बाह्य आडम्बरों की अपेक्षा ईश्वर भाव की आकांक्षा रखता है, स्पष्ट कीजिए।
3. 'मेरा जीवन' कविता में कवयित्री का जीवन के प्रति दृष्टिकोण स्पष्ट कीजिए।
4. जीवन को जीने की कला इस कविता में किस प्रकार सिखाई गई है?
5. जीवन की पीड़ा और पराजय को सुख और विजय में कैसे बदला जा सकता है, विवेचना कीजिए।

केदारनाथ अग्रवाल

केदारनाथ अग्रवाल प्रगतिशील काव्यधारा के प्रतिनिधि कवि हैं। प्रगतिशील आन्दोलन के जन्म, शैशव और प्रौढ़ता सभी स्थितियों के प्रमाण उनकी कविता में मौजूद हैं। केदारनाथ अग्रवाल का जन्म एक अप्रैल 1911 को बाँदा के कमासिन गाँव में हुआ था। कमासिन का प्राकृतिक परिवेश उनकी रचनाओं में रचा-बसा है।

गाँव में आरम्भिक शिक्षा प्राप्त करने के बाद इन्होंने कानपुर से वकालत की पढ़ाई पूरी की। 1963 से लेकर 1970 तक इन्होंने जीविकोपार्जन के लिए सरकारी वकील के रूप में कार्य भी किया। 1926 के आसपास वे कविता-लेखन के क्षेत्र में प्रवृत्त हुए और उनका यह साहित्यिक रुझान उनके जीवन के साथ ही 22 जून 2000 को समाप्त हुआ।

वकालत की पढ़ाई के दौरान 1938 के आसपास कवि केदार निराला तथा रामविलास शर्मा के सम्पर्क में आए। रामविलास शर्मा से कवि की मित्रता जीवन-भर अटूट रही। 'मित्र संवाद' इस मित्रता का ऐतिहासिक दस्तावेज है। निराला तथा रामविलास शर्मा के सम्पर्क में आने के बाद कवि की प्रगतिशील चेतना स्पष्ट होने लगी थी। उन्होंने स्वीकार किया है कि तब "मैं आदमी पर लिखूँ, किसान या औरत पर लिखूँ–चाहे जिस विषय पर लिखूँ, उसी मानसिकता में लिखता था। मुझे प्रगतिशीलता विरोधी जितने लोग थे, सब बेईमान दिखते थे।" 1972 में बाँदा में प्रगतिशील लेखक संघ का जो सम्मेलन हुआ उसमें केदार जी की अग्रणी भूमिका थी।

केदारनाथ अग्रवाल का पहला काव्य-संग्रह 'युग की गंगा' मार्च 1947 में प्रकाशित हुआ। इसके बाद बड़ी संख्या में इनके काव्य-संग्रह आए जिनमें 'नींद के बादल', 'फूल नहीं रंग बोलते हैं', 'पंख और पतवार', 'हे मेरी तुम', 'मार प्यार की थापें', 'कहे केदार खरी खरी!', 'अपूर्वा' और 'जमुन

जल तुम' प्रमुख हैं।

इसके अतिरिक्त गद्य के क्षेत्र में 'समय समय पर', 'विचार बोध' तथा 'विवेक विवेचन' शीर्षक से समीक्षा पुस्तकें और 'दतिया' एवं 'बैल बाजी मार ले गये' (अधूरा) नाम से उनके दो उपन्यास उपलब्ध हैं। 'बस्ती खिले गुलाबों की' शीर्षक से यात्रा-संस्मरण की भी रचना केदार जी ने की है। इन्हें कई सम्मान भी प्राप्त हुए जिनमें 1981 में उत्तर प्रदेश हिंदी संस्थान, 1986 में मध्य प्रदेश साहित्य परिषद तथा 1991 में मध्य प्रदेश शासन द्वारा प्रदत्त मैथिलीशरण गुप्त सम्मान मुख्य हैं। 1987 में केदारजी को अपूर्वा (1984) के लिए साहित्य अकादमी पुरस्कार भी प्राप्त हुआ।

कवि केदार की कविताएँ जमीन से जुड़ी हुई हैं। इसमें युगबोध, यथार्थबोध, सामान्य मनुष्य का दुःख-दर्द तथा उनकी आशा-निराशा तो प्रतिबिम्बित है ही, भविष्य के प्रति आस्था का स्वर भी स्पष्ट सुना जा सकता है।

उनकी कविताओं में मनुष्य कभी दयनीय या असहाय बनकर नहीं आता। तभी तो वे अपनी सम्पूर्ण जिजीविषा से सम्पन्न पूरी आस्था के साथ उद्घोष करते हैं–

"जहाँ दूसरे झरे हैं
हम वहाँ अब भी
हरे के हरे हैं।"

यह अकारण नहीं है कि इनकी कविताओं में उगते सूरज का बिम्ब बार-बार आया है। यह उगता सूरज इसी आस्था और विश्वास का सूरज है।

प्रकृति प्रेम केदार जी की कविताओं की अन्यतम विशेषता है। उनके यहाँ प्रकृति किसी विराटता के साथ नहीं चित्रित होती और न ही उसके प्रति कोई रोमानी आग्रह दिखाई देता है। वे प्रकृति को धूप और चाँदनी के बीच की सहजता में चित्रित करते हैं। कवि प्रकृति को मनुष्य और उसके आसपास के सामाजिक-राजनीतिक परिवेश से जोड़कर देखता है। सामाजिक विषय-वस्तु की कविताएँ लिखने के क्रम में प्रकृति के अनेक उपमान बड़े सहज भाव से उनकी कविता की संरचना के अंग बन जाते हैं। कवि केदार किसानी मानसिकता के बहुत करीब हैं।

यहाँ तक कि उनका प्रकृति प्रेम भी इस किसानी मानसिकता के बीच से होकर निकलता है। रामविलास शर्मा ने इसीलिए इन्हें प्रेमचन्द की परम्परा से जोड़ते हुए लिखा है कि "केदार की कविता, कथाकार प्रेमचन्द की विरासत का अन्य विधा में क्रान्तिकारी विकास है।"

केदारनाथ अग्रवाल की राजनीतिक चेतना और प्रकृति प्रेम से उनकी प्रेम चेतना गहरे स्तर पर सम्बद्ध है। प्रेम की वैयक्तिकता को विस्तार देते हुए कवि ने उसे सामाजिक और राजनीतिक आधार दिया है। पत्नी को सम्बोधित अनेक कविताएँ इस बात का प्रमाण हैं। तभी तो उन्होंने लिखा है—

"हे मेरी तुम
दहका खड़ा है
सेमल का पुरनिया पेड़...
कचहरी के सामने
क्रान्ति का माहौल बनाए।"

वस्तुतः केदारनाथ अग्रवाल की राजनीतिक चेतना, प्रेम चेतना और उनके प्रकृति प्रेम को हम अलग-अलग डिब्बों में बाँटकर नहीं देख सकते। उन्हें उनकी समग्रता में देखना ही कवि की कविता के साथ न्याय होगा।

प्रतिपाद्य

'मार हथौड़ा कर कर चोट' केदारनाथ अग्रवाल की एक प्रगतिशील रचना है। हथौड़ा मारना लुहार का सामान्य कर्म है किन्तु इस हथौड़े की चोट कहाँ और क्यों पड़ती है, यह महत्त्वपूर्ण है। श्रमिक के इस श्रम में उसकी चेतना और जागरूकता शामिल हो गई है और इसीलिए कविता की हर पंक्ति मानो हथौड़े की चोट के साथ आगे बढ़ती है। यह चोट लाल हुए लोहे को जैसा चाहे वैसा मोड़ सकती है। यहाँ लुहार (श्रमिक) क्रान्ति की बात नहीं करता बल्कि अपने श्रम अर्थात् लहू और पसीने से ही बन्धन की दीवारें तोड़ना चाहता है। और यह तभी सम्भव है, जब मनुष्य के भीतर अपने होने का अहसास पैदा हो जाए।

'धूप चमकती है चाँदी की साड़ी पहने' कवि की प्रकृति परक प्रतिनिधि

रचना है। केदारनाथ अग्रवाल प्रकृति को किसी उदात्त रूप में नहीं देखते, बल्कि उनके आसपास का परिवेश, जीवन और प्रकृति एक-दूसरे के हमजोली बनकर कविता में उपस्थित होते हैं। प्रकृति के साथ कवि सहज ही मानवीय रिश्ते जोड़ लेता है। धूप उसे चाँदी की साड़ी पहन मैके में आई बेटी की तरह आत्मीय प्रतीत होती है। और हवा भैया की बाँहों से छूटी भौजाई की तरह उमंगों से भरी लहरा रही है। प्रकृति में जीवन की अदम्य चेतना का ऐसा प्रसार हो गया है कि काल को यह क़िसी दिवास्वप्न की तरह प्रतीत हो रहा है।

मार हथौड़ा कर कर चोट

मार हथौड़ा,
कर कर चोट
लाल हुए काले लोहे को
जैसा चाहे वैसा मोड़।

मार हथौड़ा
कर कर चोट
थोड़े नहीं—अनेकों गढ़ ले
फौलादी नरसिंह करोड़।

मार हथौड़ा
कर कर चोट
लोहू और पसीने से ही
बन्धन की दीवारें तोड़।

मार हथौड़ा
कर कर चोट
दुनिया की जाती ताकत हो,
जल्दी छवि से नाता जोड़!

शब्दार्थ

फौलादी = इस्पाती; लोहा = ख़ून

धूप चमकती है चाँदी की साड़ी पहने

धूप चमकती है चाँदी की साड़ी पहने
मैके में आयी बेटी की तरह मगन है
फूली सरसों की छाती से लिपट गयी है
जैसे दो हमजोली सखियाँ गले मिली हैं
भैया की बाँहों से छूटी भौजाई-सी
लहँगे की लहराती लचती हवा चली है
सारंगी बजती है खेतों की गोदी में
दल के दल पक्षी उड़ते हैं मीठे स्वर के
अनावरण यह प्राकृत छवि की अमर भारती
रंग-बिरंगी पंखुरियों की खोल चेतना
सौरभ से मँह-मँह महकाती है दिगन्त को
मानव मन को भर देती है दिव्य दीप्ति से
शिव के नन्दी-सा नदिया में पानी पीता
निर्मल नभ अवनी के ऊपर बिसुध खड़ा है
काल काग की तरह ठूँठ पर गुमसुम बैठा
खोयी आँखों देख रहा है दिवास्वप्न को।

शब्दार्थ

मैके = मायका; भौजाई = भाभी; सारंगी = एक बाद्य; अनावरण = बग़ैर आवरण के, नंगा; प्राकृत = प्राकृतिक; सौरभ = मधु; दिगन्त = जहाँ दिशाओं का अन्त हो (सन्दर्भ = जहाँ तक नज़र पहुँचती हो), दीप्ति = रोशनी; निर्मल = मलिनता से रहित, शुद्ध

आशय स्पष्ट कीजिए :

1. लाल हुए काले लोहे को
   जैसा चाहे वैसा मोड़।
2. लोहू और पसीने से ही
   बन्धन की दीवारें तोड़।
3. मैके में आयी बेटी की तरह मगन है
4. काल काग की तरह ठूँठ पर गुमसुम बैठा

लघूत्तरीय प्रश्न

(क) 'मार हथौड़ा कर कर चोट'

1. 'थोड़े नहीं–अनेकों गढ़ ले, फौलादी नरसिंह करोड़' पंक्ति में कवि किसे सम्बोधित कर रहा है?
2. कविता में प्रयुक्त किन्हीं दो अलंकारों को स्पष्ट कीजिए।
3. इस कविता में कवि ने 'कर' शब्द का दो बार प्रयोग क्यों किया है?

(ख) धूप चमकती है चाँदी की साड़ी पहने

4. इस कविता में धूप की तुलना किससे की गई है। और क्यों?
5. कवि ने कविता में जिस प्रकार की धूप का वर्णन किया है, वह किस मौसम की धूप है। और कविता के किन अंशों से यह बात स्पष्ट होती है?
6. कविता में दिवास्वप्न कौन देख रहा है?

विवेचनात्मक प्रश्न

1. 'मार हथौड़ा कर कर चोट' कविता में कवि किन बन्धनों की दीवारें तोड़ने की बात कर रहा है?
2. 'मार हथौड़ा...' कविता में लुहार कर्म से जुड़ी कुछ क्रियाओं एवं उपकरणों का उल्लेख हुआ है? क्या आप इस कार्य से जुड़ी कुछ

अन्य क्रियाओं तथा उपकरणों के बारे में बता सकते हैं?

3. केदारनाथ अग्रवाल प्रगतिशील चेतना के कवि हैं। 'मार हथौड़ा...' कविता के आलोक में इस कथन पर टिप्पणी कीजिए।

4. 'धूम चमकती है चाँदी की साड़ी पहने' कविता में धूप के क्रिया-कलापों को स्पष्ट करने के लिए व्यावहारिक जीवन के कौन-से दृष्टान्त प्रस्तुत किए गए हैं और क्यों?

5. 'मैके में आयी बेटी की तरह मगन है' पंक्ति के माध्यम से कवि ने स्त्री की किस स्थिति की ओर संकेत किया है? इस विषय के वर्तमान सन्दर्भ पर विचार कीजिए।

6. कवि ने धूप के लिए 'चाँदी की साड़ी' पद का प्रयोग क्यों किया है। 'चाँदी' की जगह 'सोने की साड़ी' कहने से भाव-व्यंजना पर क्या प्रभाव पड़ता?

अरुण कमल

अरुण कमल प्रगतिशील काव्यधारा के महत्त्वपूर्ण कवि हैं। इनकी कविताएँ विचार और संवेदना की विविधता की दृष्टि से अन्यतम हैं। इस क्रम में वे मनुष्य के उन सभी सरोकारों से जुड़ जाते हैं जिनसे मनुष्य का जीवन आकार लेता है। कविता के जीवन से जुड़ाव को स्वीकार करते हुए वे मानते हैं कि "कविता जन्म का प्रथम रुदन है और मृत्यु का अन्तिम भेद-भरा उच्चार भी। कविता इस लोक का पर-लोक है जहाँ हमें ज़ाना है।" यही बात उनकी कविता में भी लक्षित की जा सकती है–"मुझे एक छठ्ठी में जाना है / और एक श्राद्ध में।"

अरुण कमल का जन्म 15 फरवरी, 1954 को नासरीगंज रोहतास में हुआ था। 'अपनी केवल धार', 'सबूत', 'नए इलाके में' तथा 'पुतली में संसार' उनके प्रमुख काव्य-संग्रह हैं। इन्होंने वियतनामी कवि तो हू की कविताओं और टिप्पणियों का अनुवाद किया है। साथ ही इनकी कविताएँ भी अनेक देशी-विदेशी भाषाओं में अनूदित हुई हैं। इन्हें भारतभूषण अग्रवाल पुरस्कार, सोवियत भूमि नेहरू पुरस्कार तथा श्रीकान्त वर्मा स्मृति पुरस्कार से भी सम्मानित किया गया है।

आठवें दशक से कविता लेखन के क्षेत्र में सक्रिय अरुण कमल विचार, रूप और शिल्प के स्तर पर निरन्तर प्रयोगशील रहे हैं। विचारधारा के स्तर पर वे नागार्जुन और त्रिलोचन की परम्परा के कवि हैं। उनकी कविता में उनकी प्रगतिशील चेतना के स्पन्दन को सहज ही लक्षित किया जा सकता है। यही कारण है कि अरुण कमल की कविता मानवीय सरोकारों की कविता है। समाज के वंचितों के प्रति उनकी पक्षधरता और प्रतिबद्धता उनके काव्य की पूँजी है, जिसके सहारे उन्होंने मानवीय रिश्तों, प्रकृति और सृष्टि को बचाने का रास्ता तलाश किया। किन्तु उल्लेखनीय यह है कि वे प्रतिबद्ध

कवि होते हुए भी न उसका बयान करते हैं न बखान। यही उनकी शक्ति है। उनकी कविता का सीधा सम्बन्ध मनुष्य और आसपास के समाज से है। कवि-कर्म के विषय में उनकी मान्यता है कि "एक कवि को वह करना होता है जो दूसरे सब करते हैं यानी एक कविता में बाकी सबकी जिन्दगी और उनकी बोली सब कुछ होना है, नहीं तो वह कविता फिर सबके लिए नहीं होगी।"

अरुण कमल अपने समकालीन कवियों से विचारधारा में भिन्न न होते हुए भी, भाषा शैली में भिन्न हैं। उनकी कविता की सहजता और सरलता ही उनकी विशिष्टता है। ये कविताएँ सीधे-सीधे अपने लक्ष्य तक पहुँचती हैं। किन्तु सहज और सरल दिखनेवाली कविताओं में भी थोड़ा बहुत बाँकपन है, जो इन कविताओं का आन्तरिक गुण है। कविता की भाषा और उसकी आन्तरिक लय में अरुण कमल की कविताओं का सौन्दर्य है।

प्रतिपाद्य

'पृथ्वी किसलिए घूमती रही' अंचल विशेष के लोकगीतों में व्यक्त परम्पराओं और मान्यताओं की पृष्ठभूमि में लिखी गई कविता है। यहाँ कवि की मुख्य चिन्ता मनुष्य की न्यूनतम आवश्यकताओं को पूरा करने की है। जिस देश में लोगों को भरपेट भोजन भी नसीब नहीं होता, वहाँ छप्पन व्यंजनों के गीत गाए जाते हैं। लोगों की इच्छाओं की फेहरिस्त में वे बातें हैं जो उनके लिए मात्र कल्पना है। यहाँ जमीन से जुड़ी आवश्यकताओं को पूरा करने के लिए सूर्य की आराधना होती है, यह विडम्बना नहीं तो और क्या है?

'धार' अरुण कमल की प्रगतिशील चेतना को व्यक्त करनेवाली प्रतिनिधि कविता है। यहाँ कवि वर्ग संघर्ष की एक नई परिकल्पना प्रस्तुत करता है, जहाँ सारा लोहा प्रभुतासम्पन्न लोगों के पास है। किन्तु पूँजीपतियों के कारखाने में ढलनेवाले इस लोहे की धार आम आदमी के पास है। प्रखरता और आवेग की यही धार सामान्य वर्ग को संघर्ष की ताकत देती है।

पृथ्वी किसलिए घूमती रही

जिन्हें कभी जीवन में मिला नहीं
सुख से भोजन दो जून
वे औरतें गाती हैं छप्पन व्यंजनों के गीत!

जिनके बच्चों ने खल्ली भी छुई नहीं
वे माताएँ गाती हैं पढ़े-लिखे पंडित
दामादों के गीत!

और जिन्होंने आज तक आँख भी खोली नहीं
वे गा रहे हैं सूर्य के महिमा-गान!

किससे माँग रही हैं वे औरतें
सोने की थाली में छप्पनों व्यंजन?
किससे माँग रही हैं माताएँ
पढ़े-लिखे बेटे-दामाद?
किससे, किससे वे माँगते हैं
जीवन की ज्योति?

सूर्य से, सूर्यदेव से
सूर्य-सूर्यदेव से

सूर्य के चारों ओर
घूमती रही जीवन भर पृथ्वी

फिर भी जब चैन नहीं
तो सिर्फ पाँच फेरों से सुनेगा सूर्य कब
इतनी प्रार्थनाएँ
कोई देवी-देव नहीं, कोई सूर्यदेव नहीं
तुम्हीं से पूरी होंगी सारी इच्छाएँ
यहीं इसी धरती पर मिलते हैं
छप्पन व्यंजन
पढ़े-लिखे बेटे-दामाद
और सुख भरा जीवन–
कभी नहीं बदलीं ये छोटी इच्छाएँ
हजारों वर्षों के बाद भी अतृप्त हैं इच्छाएँ
आज भी सब से बड़ी इच्छा है भरपेट अन्न।

पृथ्वी किसलिए घूमती रही तब इतने दिन?

शब्दार्थ

खल्ली = चॉक; ज्योति = रोशनी; अतृप्त = तृप्ति हीन, प्यासा

धार

कौन बचा है जिसके आगे
इन हाथों को नहीं पसारा

यह अनाज जो बदल रक्त में
टहल रहा है तन के कोने कोने
यह कमीज जो ढाल बनी है
बारिश सरदी लू में
सब उधार का माँगा-चाहा
नमक-तेल, हींग-हल्दी तक
सब कर्जे का
यह शरीर भी उनका बन्धक

अपना क्या है इस जीवन में
सब तो लिया उधार
सारा लोहा उन लोगों का
अपनी केवल धार।

आशय स्पष्ट कीजिए :

1. तुम्हीं से पूरी होंगी सारी इच्छाएँ
2. आज भी सब से बड़ी इच्छा है भरपेट अन्न।
3. सब उधार का माँगा-चाहा
4. अपना क्या है इस जीवन में

लघूत्तरीय प्रश्न

(क) 'पृथ्वी किसलिए घूमती रही'

1. कविता में 'छप्पन व्यंजनों' के गीत कौन गाता है?
2. कविता में जिन गीतों का उल्लेख किया गया है, वे किसे सम्बोधित हैं?
3. आज भी मनुष्य की सबसे बड़ी इच्छा क्या है?

(ख) 'धार'

4. 'धार' कविता में कवि किसकी स्थिति बयान कर रहा है?
5. 'सारा लोहा उन लोगों का' में 'उन लोगों' से क्या तात्पर्य है?
6. यहाँ 'लोहा' तथा 'धार' से कवि का क्या तात्पर्य है?

विवेचनात्मक प्रश्न

1. 'पृथ्वी किसलिए घूमती रही' कविता में किन सामाजिक विडम्बनाओं को उजागर किया गया है?
2. कविता में 'माताएँ', 'औरतें', 'पृथ्वी' आदि स्त्रीलिंग शब्दों का बार-बार प्रयोग किया गया है। क्या इससे किसी विशिष्ट सामाजिक स्थिति का ज्ञान होता है? विचार कीजिए।
3. हजारों बर्षों के बाद भी अतृप्त हैं इच्छाएँ
आज भी सबसे बड़ी इच्छा है भरपेट अन्न।
कवि इन पंक्तियों में किन अतृप्त इच्छाओं की बात कर रहा है। क्या भरपेट अन्न ही मनुष्य की सबसे बड़ी इच्छा है? विचार कीजिए।
4. 'सब उधार का माँगा चाहा
नमक तेल हींग-हल्दी तक
सब कर्जे का'
इन पंक्तियों में कवि किस सामाजिक यथार्थ की ओर संकेत कर रहा है?
5. 'सारा लोहा उन लोगों का/अपनी केवल धार' इस पंक्ति का आशय स्पष्ट कीजिए।
6. 'धार' कविता की पृष्ठभूमि पर विचार कीजिए।

□□